はじめに

本書は2020年3月から2021年3月まで、日本教育新聞に連載した「子どもの姿から見る保育」（1章）と、同期間に月刊誌「PriPri」（世界文化社）に連載した「田澤里喜の保育対談 ミドルリーダーからのメッセージ」（2章）に加筆訂正を加えて書籍化したものです。

前著『保育の質を向上させる園づくり』（世界文化社、2021）は新聞連載と園だよりをまとめたもので、おもに園長先生や副園長、主任の先生を対象にしたものでした（「園づくり」はみんなでするものですから、多くの人が対象ではあるのですが）。

一方、本書の1章は新聞連載時から保育に興味・関心のある多くの人に読んでもらいたいと考えて書いたものです。また2章はタイトルどおり園のミドルリーダーを対象にしていますが、ミドルリーダーはもちろん、ミドルリーダーを育成する人も、将来ミドルリーダーになる人も、ミドルリーダーと一緒に働いている人も、つまりすべての人に読んでほしいと思っています。それだけミドルリーダーの役割は大切なのです。

さて、2020年は全世界が新型コロナウイルス感染症に翻弄された最初の年です。全国的に学校や園が閉鎖されたり、大学の授業も完全オンライン化されたりするなど、多くの人が感染予防対策に頭を悩ませ始めた時期でした。私も悩み、苦しみながら様々な判断をした時期です。しかし、改めて自分の原稿を読んで、その当時に行事の見直しをしたり、子ども達の健やかな育ちのために本当に大事なことを考え続けたりしたことが、血となり肉となり、今の保育の力となっているのだと感じました。

この期間に考えた「本当に大事なこと」の一つが「保育は『子ども主体』であるべき」ということで、これはどんな状況の時でも変えてはいけない原則です。だからこそ、本書のタイトルにもしたのです。

本書を通して、子どもを中心にした保育と保育者の役割について改めて考えていただけると幸いです。

田澤里喜

1 章

子ども主体の保育と保育者の役割

叱る前に、子どもの思いに気付いて

数年前のことです。お昼時、私は仕事を終え、誰もいない園庭を歩いていました。

すると、4歳の男の子が上履きのまま園舎から出てきて、園庭の木のところでズボンを下ろすと、いきなりおしっこをし始めたのです。

その光景に私はびっくりしてしまいました。私はその子のそばまで行きましたが「何をどう伝えようか」と一瞬迷いました。その時、男の子が私の存在に気付き、「まずい」という表情を見せたのです。

その表情を見て、私は「この子は悪いことをするという自覚がありながらも、おしっこをしてみたかったのではないか」と感じました。そこで彼を叱ることはやめ、「おしっこしたかったんだよね」と聞くだけにしました。男の子は一瞬驚いたように「うん」と答え、反省している様子を見せたのです。

最近、何人かの保育者や学生から「叱り方がわからない」と相談されることが続きましたが、私はそのたびにこの男の子のことを思い出していました。なぜなら「叱るより前に、目の前の子どもの思いに気付こうとすることが、何よりも大事ではないか」ということを、男の子との関わりを通して改めて考えることができたからです。

そこで、相談してきた人達には「叱り方を知ることよりも、行為に込められた子どもの思いに気付いてあげることのほうが重要」と伝えました。

子どもは大人が思っている以上に、いろいろなことを考えて行動しています。けれど、考えていることをまだうまく伝えられません。だからこそ、大人が子どもの考えを推察することが、何よりも大事なのです。

「子どもは社会での約束事をまだ知らないのだから、厳しく指導するべきだ」と考えている大人が今もかなりいます。保育者の中にも少なからずいるような気がします。本当にそれでいいのでしょうか？　厳しくしなくても思いを受け止めることで、子ども自身が社会生活でのルールなどを理解していくのではないかと私は思います。

…………………………

さて、園庭でおしっこをした男の子ですが、その後卒園するまで、同じようなことを二度としませんでした。

「疲れる保育」が質を低下させる

私は大学を卒業してから4年間、ある幼稚園で担任保育者として勤務しました。その園での2年目、4歳児の担任をしていた時の話です。

その園は1学年2クラス編成になっており、先輩保育者がうさぎ組の、私がりす組の担任を務めていました。

秋のある日、子どもを多面的に見ることを目的に、1日だけ担任するクラスを交換することにしました。子ども達には前日にそのことを伝え、当日、私はうさぎ組で保育をしました。

そして保育が終わり、私が担当するりす組の子ども達について先輩に聞きました。すると、「りす組で保育をするのは疲れる」と言われて驚いたことを今でも忘れられません。

りす組の子ども達は小さなことでも保育者に確認し、また、自分達で解決しようとしないことも多く、「先生、○○使っていい?」「先生、A君達がけんかしてる!」などと、いちいち保育者のところまで伝えに来ると言うのです。こうしたことを「疲れる」という表現で、先輩保育者は私に注意してくれたのです。

私は自分の保育を振り返りました。確かに私は普段から子どもに指示をすることが多く、子ども達が言ってくることに対してすべて応えようとしていたと気が付きました。そして、子ども同士で解決すべきことにまで私が介入し、解決していたことが多かったのではないかと反省したのです。

その頃の私は、このように自分の意見や物事の答えを子どもに伝え続けていたので、日々疲れを感じていました。まさしく「疲れる保育」です。

保育者が疲れるだけでなく、指示や誘導が多かったため、子ども達が自分自身で考える機会を奪っていたのです。これでは子どもは育っていきません。

一方、先輩保育者のうさぎ組では、子ども達はいちいち担任に確認をすることなく、クラスの遊具や教材を自由に使っていました。けんかがあっても、自分達で解決しようとしていました。子どもが自分達の力で生活しようとしているので、「疲れる保育」になっていなかったのです。

「疲れる保育」は、保育者に余裕を与えません。余裕がないために視野が狭く、先を考えて行動できないので、結果として保育の質を低下させます。

そもそも教育とは、人の言う通りにできる子にすることが主目的ではないはずです。自分で考えること、わからなかったり困ったりした時は他者と協同してみるなど、自分達で進んでいく力を育むことなのだと思います。

では、「疲れる保育」はどうしたら改善できるのでしょうか？

子どもを信じ、環境を工夫して

前項では私の反省をもとに、「疲れる保育」について書きました。保育者が指示を出し、答えを教えるので子どもは自ら考えることをせず保育者に頼りきり、結果として保育者が疲れてしまう保育のことです。ではこうした保育に陥らないためには、どのようなことに配慮したらよいのでしょうか。

一つ目は、子どもを信じるということです。当時の私は「子どもだからできないだろう」と子どもを信じきれていなかったため、指示を出していました。さらに、指示通りに動けるようになると子どもが生活しやすくなると勘違いしていました。これでは子どもは育ちません。

うまくいかないこともありますが、子どもは自分の力で生活しようとしています。ですから、できないところに目を向けるのではなく、やろうとする意欲を見つけ、できた時の喜びに共感するだけでも、子どもの主体性は伸びていくでしょう。そこを保育者が信じられるかどうかが一つのカギです。

二つ目は環境の考え方です。子どもが生活しやすくあそびやすい環境を工夫することも、保育者の役割の一つです。私に「疲れる保育」と指摘してくれた先輩保育者は、子ども達だけで使うには危険な物は手の届かないところにしまっておき、子どもの手の届くところにある物は自由に使えるように環境作りをしていました。

環境の考え方の参考になるように、保育者が指示を出さなくてもあそびが盛り上がった環境構成の例も一つ紹介します。昨年の夏、私の園であったことです。家でバーベキューをした子どもが、園でもバーベキューごっこをしたいと言いました。そこでクラス担任は厚紙の片面に生の野菜や肉の写真を貼り、反対側には焼けた野菜や肉の写真を貼った物を子ども達に提示しました。生の野菜が裏返すと焼けているというアイデアは子ども達にもとてもわかりやすくあそびやすかったので、バーベキューごっこは大いに盛り上がり、子どもは自分達で考えてあそびを広げていったのです。

そして三つ目は教育観です。幼児教育は、誰かの言う通りにできる人を育てるものではありません。自分自身で考え、悩んだり困ったりしたら、人と協同して行動する人を育むものです。

若い頃の私は毎日の生活の中で、人の言う通りには行動できるけれど、自分で考えることをしない子どもを育てていたのかもしれません。幸い、先輩保育者から指摘された日をきっかけに、子どもをもっと信じて、子どもと一緒に生活を作っていくことを意識するようになりました。

この経験がなかったら、子どもを信じられないまま大人の物差しで見て指示を出し、できないところや細かいところばかりを気にして、疲れきってしまっていたかもしれません。

今こそ考えたい、行事の本当の意義

コロナ禍が想像していた以上に長期化し、保育の現場でも様々な対策、検討課題に追われています。

私が園長を務める幼稚園では、3月のひと月間、ほとんど休園にしました。それでも卒園式は保護者の出席を各家庭1人に限定し、さらに内容を縮小した上で実施しました。

例年であれば、子ども達は卒園証書の受け取り方や歌などを練習して式に臨みます。しかし今年はそうしたことはほとんどできずに卒園式を迎えました。多少の心配はあったものの、当日はとても和やかで、子ども達の成長が感じられる式になりました。さらに、式の在り方について改めて考える機会にもなりました。

園長である私から子ども一人ひとりに卒園証書を渡しましたが、練習をしていませんから受け取る形はばらばらです。でも考えてみると、卒園証書授与は、形を揃えて受け取ることが目的なのでしょうか。

私は毎年、卒園証書を「小学校に行くための切符」と子ども達に伝えています。そんな「切符」をわくわくした気持ちで受け取ることが証書授与のねらいだとすれば、受け取る形を揃えるために、何度も練習する必要はないでしょう。

こんな場面もありました。式の途中で、ある男の子がポケットからハンカチを出し、あそび始めました。隣の男の子が「今はやらないんだよ」と小さい声で伝えると、男の子はハンカチをしまったのです。その姿を見て、自分のことだけでなく、周りにも目を向けながら生活する力が子ども達に育まれていたことに私は気が付きました。

子どもは、大人の設定した目標が高くなればなるほど自分のことで精いっぱいになり、周りに目を向けられなくなります。その結果、友達へのアドバイスや応援をしなくなります。だからこそ日頃の保育でも行事でも、目標が高くなり過ぎないように意識しなければなりません。

卒園式での子ども同士のやりとりを見て、コロナ禍だから「できないこと」が多くて……と否定的に捉えるべきではないことに気付かされました。保育や行事の本来の意義を考え直すきっかけになっただけでなく、本当に大切なことは何かを教えてもらったようにも思います。

注意する前に、できたことを認める

　数年前のことです。3歳児が冬に球根を植えたチューリップが、春になって花を咲かせました。すると、誰に頼まれたわけでもないのに、男の子がじょうろでチューリップに水をやり始めたのです。感心して見ていましたが、水がなくなった途端、男の子はじょうろを放り投げ、走りだしました。私は思わず「じょうろ、片付けようね」と言ってしまいました。

　私のこの言動は、「子どもを肯定的に見る」「子どもの意欲を大切にする」といった保育の原点から見ても、ほめられるものではありません。

　子どもは育ちの過程にいます。だから、できることもあれば、そうでないこともたくさんあります。また、やろうとしたけれどできないこともあります。そんな幼児期であれば、「できないことを今すぐできるようにすること」が大事だとは言いきれません。できないことにばかり焦点を当てるのではなく、子どもが自分でやろうとした意欲を大切にしたり、自分の力ででききたことを認めたりすることのほうが大事だと思うのです。

　この男の子の場合、じょうろを片付けなかったことより、チューリップを大切に思い、自発的に水をやったことを認めるべきでした。「じょうろ、片付けようね」という前に、言うべき言葉があったはずで、片付けようなどと言う必要はなかったのです。

　さて、なぜこの男の子はじょうろを片付けなかったのでしょう。一緒に片付けようとしてじょうろを掛けるフックを見ると、子どもが掛けにくい形状でした。これでは片付けようという気持ちも減退してしまいます。「片付けようね」などと言う前に、片付けやすい環境にしておけばよかったのです。つまり、じょうろを片付けなかったのは子どもが悪いのではなく、保育者側の配慮が足りなかったことも理由の一つだったのです。

　子どもにはいろいろな思いがあります。保育者は子どもを注意する前に、するべきことがたくさんあります。そうしたことにも考えが及ばず、とっさに「片付けようね」と言ってしまったことがどれほど短絡的であったか、大いに反省させられる出来事でした。

片付けないことで、あそびの続きを保障

私の幼稚園では、子ども達がお店やさんごっこや「大きなものづくり」を何日も続けていることを他園の先生方に話すと、「片付けはどうしているのですか」と聞かれることがあります。質問の真意を聞くと「元通りに片付けるのが園のルールなので」という答えでした。

片付けは日常生活の中で大切ですから軽視するわけではありません。しかし「明日もまたあそびの続きがしたい」という子どもの気持ちを尊重することも大事ではないでしょうか。

以前、ブロックで作った車であそんでいた5歳の男の子数人が、道路や駐車場を作り始めました。あそびは何日も続き、立体駐車場やトンネルができ、「そのトンネルを出たところには島があって、そこにはガソリンスタンドも……」と物語も作られていき、数か月後には、保育室の3分の1くらいまで、彼らの作った街が広がっていました。

もし、毎日元通りに片付けていたとしたらどうだったでしょうか。おそらく道路は延びず、物語も生まれなかったでしょう。それどころかいつまでたってもブロックの車を走らせるだけで終わっていた可能性もあります。

すべてを片付けずにあそびの続きが保障され

ると、子ども達のアイデアが次々に出てくるようになります。先の事例では、道路を作るのに使えそうな廃材を、家から持ってくる子どももいました。

さらに、周りの子ども達が見て「すごいの作ってるね」と認めたり、「こうしたら」とアドバイスをくれたりと、一体感のようなものもクラスに広がっていきました。

「片付けはどうしているのですか」という質問が出るもう一つの理由には、昼食を食べたり、保育所などでは午睡のスペースを確保したりしなければならず、あそびをそのままの状態にしておけないという事情もあるようです。

私の園でも保育室で昼食を食べたり、子ども達が集まって話をしたりしますから、あそびをそのままにしておく時には工夫しています。紹介した事例では、道路を床に固定しないで移動可能にすることをルールにして、昼食の時間には保育室の隅に移動させていました。また、周りの子ども達が「すごい物を作っている」ことを認めているので、多少保育室が狭くなっても我慢して生活しようとする雰囲気が生まれていました。こうした子ども同士の関係性も、とても大切なことです。

保育の世界では、「子どもは結果ではなく過程で育つ」と言われています。ということは、過程が長ければ、それだけ学びの機会が保障されるはずです。

子ども達が「明日もこの続きしようよ」と園に来るのが楽しみになるようにしたいですね。

楽観的に前向きな意識で、子どもと関わろう

私の園では、コロナ禍でも預かり保育を実施しましたが、幼稚園は臨時休園にしました。そのため、休園中はほとんどの子ども達が自宅で過ごしました。担任の保育者が各家庭に電話し、子ども達の様子を保護者に聞いたところ、少数ですが、手が出やすくなったり、不安を感じたりしているという話がありました。誰も経験したことのない状況ですから、子ども達に影響が出るのは、ある意味、当然かもしれません。

私は、こういう時だからこそ、楽観性が大事だと思っています。これは、安全面を楽観視していいということではなく、大人が楽観的に前向きな意識をもって、子どもと関わることが大切だという意味です。

保育でも子育てでも、「大丈夫」と笑顔で前向きに物事を捉えると、うまくいくことが多いものです。そんな感覚を大事にしたいのです。

保育が再開された時、多くの子ども達は不安定な気持ちで登園してくるかもしれません。そんな気持ちに共感しながら、子どもが安心できるよう、楽観的に、前向きに、プラス思考で子どもに接していきたいものです。

そうは言いながら保育者も不安です。誰も経験したことのない状況なのですから仕方があり

ません。しかし、大人の不安は子どもにすぐに伝わります。

もし不安を感じていたら同僚の保育者、保護者、そして子どもなど、園にいるたくさんの人達と話をしてみてください。

担任の保育者が家庭に電話をしたことで、多くの家庭で在宅している子どもとの時間を楽しもうと様々な工夫をし、前向きに捉えていることがわかりました。そうした保護者の工夫に耳を傾けてみることも、保育者の安心感につながるかもしれません。

保育が再開しても、すぐにはコロナ以前の「いつもの保育」をすることはできないでしょうし、無理に「いつもの保育」を目指すと、保育者の不安が増えてしまいそうです。

「子ども達がほっとできればいい」「顔が見られただけでうれしいね」というように、今できることを素直に喜ぶことが大切でしょう。

もしかしたらこのような視点の転換が、これまでの「いつもの保育」を見直す絶好の機会になるのかもしれません。

「自分で考えてあそぶ」ことの大切さ

コロナ禍でしばらく休園が続きましたが、私の園でも段階的に保育を再開させました。久しぶりに会った保護者から「休園中、子どもが自分で考えてあそんでいることが多かったです。普段、幼稚園でたくさんあそんでいるからでしょうか」と話しかけられました。その子は自宅で段ボールなどを使って駄菓子やさんごっこをしていたそうで、保護者も一緒にあそんで楽しかったと言うのです。

保護者の話を聞いて、二つのことを考えました。一つは「もし園や家庭で指示が多く、日頃からそれに従う毎日だったら、子どもは自分で考えてあそぶことができただろうか」ということです。子どもは指示されてばかりの生活をしていると、自分で考えて行動するのは楽しい、試行錯誤することは面白いという経験が少なくなるので、人から与えられる指示を待つようになります。人は、自分から意欲的に物事に取り組む時にたくさんの学びを得ますが、従うだけでは生きる力は身に付かないのです。

もう一つ考えたのは、保護者のあそびに対する理解度についてです。保護者が幼児期のあそびの重要性を理解し、一緒に面白がってあそぶことは、子どもの成長につながるはずです。この事例の保護者のように、子どもが考えたあそびを一緒に楽しむことは、とても貴重な経験となり、今後の子育てでも、子どもの主体性を大切にしていくことができるでしょう。こう考えると、保育は将来の子育てにも影響する、重要な仕事だとも言えるのです。

「子どもが自分で考えてあそぶこと」は、コロナ禍で自宅にいる時間が長くなったから重要になったのではなく、常に大切にしたいことです。これは、保護者にもぜひ理解してほしい事柄です。

さて、園での保育を段階的に再開した初日、5歳児クラスには5人の子どもが登園してきました。保育室をのぞくと、ポリ袋で「トトロ」を作っています。保育者に指示されなくても、主体的に自分の思いを形にしようとしている姿に、大きな成長を感じました。

保育とは、子どもと保育者で紡ぎ合うもの

コロナ禍の中、園での保育が再開しました。私が園長を務める幼稚園では、6月上旬は1クラス5人程度、その後、中旬くらいまでは1クラスにつき園児を半数にしての分散登園・午前保育という形をとっています。

この判断がベストだという自信はありません。いろいろと検討した結果ですが、子ども達が毎日登園することができないのに、ベストとは言えません。

それでも、保育室をのぞいてみると、子ども達はいろいろなあそびを楽しんでいます。例えば5歳児の保育室では……。何人かが、当たりが2枚しかないおみくじを作り、「おみくじやさんごっこ」を始めました。看板も作るなど夢中であそんでいます。分散保育なので翌日はこの子達は園に来ません。けれど、代わりに登園した子ども達が、おみくじやの景品になるアクセサリーを作り始めました。モールやペットボトルのふたなどを使い、自分達なりに工夫しています。さらに次の日に登園してきた子ども達は「おみくじや」さんがおまつりみたいだと言い、射的を作ろうということになりました。しかし、なかなかうまくいかず、ボウリング場に変更しようと様々な工夫をし始めました。この

ように試行錯誤を続けながら、一日おきにあそびを担う子どもは代わっても、あそびは引き継がれ、広がっていったのです。

おみくじやさんだけでなく、暑さが厳しくなる頃には廃材でうちわやかき氷を作ったり、保育室に海ができたり、トイレットペーパーの芯をつなげてビー玉ころがしをしたりと、子ども達は次々にアイデアを出し、工夫してあそんでいます。

以前の項で、保育再開後は「楽観的に、前向きに、プラス思考で子どもに接していきたい」と書きました。そうは言いながら、不安感が全くなかったと言えばうそになります。

保育を再開した初日は緊張感もありましたが、あそび始めた子ども達を見て「子どもはすごい！」と思わずにはいられませんでした。また、保育者達も子どものためにと真剣に、そして子どもを信じて、熱心に保育をしていました。


あそびの担い手が代わっても「おみくじやさん」が続いたのは、あそびが引き継がれやすいように保育者が環境構成を工夫したからです。保育者の配慮と子ども達が持っている力の相乗効果であそびが広がっていったのです。

保育とは、大人が出した課題を子どもがこなすものではありません。「子どもと保育者が一緒に生活しながら紡ぎ合うものであること」を改めて感じている毎日です。

「すごいでしょ！」を丁寧に受け止めて

コロナ禍で保育のスタートが遅れたため、今年入園した3歳児は7月になってようやく落ち着いてきたように感じます。先日園庭を歩いていたら、3歳の男の子が私を見つけて「見て！見て！」と築山《つきやま》を下りてきました。そして目を輝かせて「すごいでしょ！」と言うのです。「築山を下りることができた僕は、すごいでしょ！」と自慢したかったのだと気が付きました。

幼稚園にいると、毎日のように子どもが「見て！　見て！」と言っている姿に出会います。「すごいでしょ！」と笑顔を向けてきます。

保育者なら、この「すごいでしょ！」が子どもの自己肯定感を育むためにとても大事だということがおわかりだと思います。日々の子どもの「すごいでしょ！」を尊重し、丁寧に受け止め、認め、関わっているのではないでしょうか。

もし、大人が設けた課題を子どもが達成できた時にしかほめてもらえないとしたら、子どもが「すごいでしょ！」と言う機会は少なくなってしまうでしょう。これでは子どもの心が本当に育つかどうか疑問が残ります。

その一方、毎日のように子どもの「すごいでしょ！」を聞き続けていると、保育者は軽く「すごいねえ」と返すだけになることもあるかもしれません。軽視しているわけではないのですが、子どもの心をしっかり受け止めていなかったと反省する瞬間が私にもあります。

そんな時に思い出すのが倉橋惣三の「驚く心が失せたとき、詩も教育も、形だけが美しい殻になる」（倉橋惣三著『育ての心』より抜粋）という一節です。

保育者になったばかりの頃は、子どもの一つひとつの言動に驚き、心が動き、いつも丁寧に関わろうとします。けれど保育者としての経験を重ねるうちに毎日同じようなことをくり返し、子どもの「すごいでしょ！」という感動に共感できなくなってしまい……。「形だけが美しい殻」になっていないか、気を付けなければなりません。

築山を下りてきて「すごいでしょ！」と言った男の子は、私が「上手に下りられるんだね」と伝えると、「うん、きのうね、○○先生（担任）が一緒に下りてくれたからね」とうれしそうに教えてくれました。おそらく担任の保育者は男の子の「すごいでしょ！」を丁寧に受け止めていたに違いありません。

築山から下りてきた男の子は、とても自慢げな様子でした。もしかすると、自分のそばにはうれしい時、一緒に喜んでくれる人（担任保育者）がいることも、私に自慢したかったのかもしれません。

「何もしない」と「見守る」との違い

学生のレポートを読んでいて、とても気になることがありました。それは、多くの学生が「見守る」という言葉を使っていることです。

乳幼児期の子ども達を保育者が見守ることは、もちろんとても大切です。しかし、中には「子どもの主体性をつぶさないためには、保育者は子どもと関わらずに『見守る』べきだ」と考えている学生がいるようなのです。子どもの立場からすると、果たしてそういう「見守る」でいいのかと思うことがたくさんあります。

子どもは大好きな先生と一緒にあそびたいと思うでしょう。不安な時はそばにいてほしいし、わからないことは一緒に解決してほしいと思うはずです。

保育者が「見守る」という意識でいても、子どもが「何もしてくれない、助けてもくれない」と感じていたとしたらどうでしょう。これでは子どもの育ちを保障できません。

こんなことがありました。子どもが紙飛行機を飛ばそうといろいろ工夫していましたが、なかなかうまく飛びません。そこで、保育者が紙飛行機を作り、その子にあげようとしました。すると「それじゃないんだよね」と、その子が一言、言ったのです。

私は、こういう関係性が大事だと思っています。よく飛ぶはずの紙飛行機を作ってくれた保育者の提案を断るというのは、子どもと保育者との間に信頼関係があるからこそできるのです。子どもが自分で判断し、主体的に行動できる環境が保障されているとも、言い換えることができるでしょう。

保育者が子どもと積極的に関わったとしても、信頼関係があり、子どもの意見が尊重される環境であれば、子どもの主体性はつぶされることはないのです。

保育者の指示が多かったり、言われてやることが多かったりすると、子どもは保育者の言うことを断らなくなるので、紙飛行機の事例のような状況は生まれないでしょう。

「見守る」という言葉は、日本独自の保育の方法を表していると聞いたことがあります。でも「見守る」=「何もしない」「見ているだけで提案すらしない」ではないはずです。

大事なのは「守る」ことで、そこには、子どもを応援するという意味が込められているのではないでしょうか。

あそびの発展ばかり、気に掛けていないか

ある保育園に取材に伺った時、２歳児担当の先生と主任の先生が、楽しそうに子どもの話をしていました。虫眼鏡をシャボン玉作りの道具と勘違いした子が、吹いても吹いてもシャボン玉ができないので「どうして〜」と言っていたそうです。その時に撮った写真を見ながら、子どもの気持ちを想像したりしながら２人の保育者は話を深めていたのです。主任の先生は担任の先生の思いに共感しながら、保育の中での楽しいエピソードを、他の保育者と共有することの大切さについてもアドバイスしていました。

私は横でその話を聞いていただけでしたが、２人の保育者が子ども一人ひとりを大切にしようとする姿に保育の原点を見た思いがしました。

最近、気になることがあります。子どもの学びはあそびのプロセスの中にあることに疑いの余地はありませんが、保育者があそびの形だけを発展させているのではないかと感じられることです。あそびを発展させることばかりを気に掛け、一人ひとりの子どもの姿を見失っているような気がするのです。

私はいろいろな場で、あそびの事例の話を聞きます。保育者が日々、様々なあそびに取り組

み、発展させようと努力していることはわかるのですが、そこにいるはずの子どもの声が聞こえてこないことがあります。「一緒にあそんでいても、今、子どもがどんな気持ちでいるか理解しようとしていないのではないか」「もしかしたら保育者があらかじめあそびのお膳立てをしておいて、自分の意図に沿った子どもの声だけを拾いあげて、あそびを広げているのではないか」などと疑念がわいてしまうのです。

これでは、保育者主導の一斉活動と何ら変わらず、「ネオ一斉活動」とでも名付けたくなります。

虫眼鏡をシャボン玉作りの道具と勘違いしていたというエピソードは、その後、何かのあそびに発展したというようなものではありません。けれど、その時の写真と保育者の会話から、子どもの心の動きが手に取るようにわかります。子どもの声が聞こえてくるようです。それだけでなく、子どもの姿を肯定的に捉え、一人ひとりを大切にしようとする保育者の思いまでも伝わってきました。

あそびを発展させることを否定しているわけではありません。あそびが発展していくプロセスの中で、子ども一人ひとりの思いや願いが受け止められ、大切にされているか、保育者は子どもの声を聞こうとしているか、そこを忘れないでほしいのです。

私の園では、私が担任保育者に「このあそびは、どうしてこうなったの?」と聞くと、「○○ちゃんが~~~ので」「△△くんが~~~で」などと、子どもの思いや保育者がどう関わったかを熱心に話してくれます。保育者同士で子どものことを楽しくざっくばらんに語り合える関係性を園の中に作っていきたいものです。

肯定的な職場環境で、保育者同士が対話を重ねて

前項の終わりに、保育者同士が子どものことを楽しく語り合える環境や関係が大切だと書きました。具体的にはどんなことなのでしょうか？

前提となるのが「面白い保育を実践できる環境」です。保育が毎年同じことのくり返しだと、会話も「去年と比べて……」ということが多くなり、子どもの話にまで深まることは少なくなってしまいそうです。保育者が子どもと一緒にあそび、楽しい、面白いと思うのは当たり前のことですが大事です。

次に「子どもの尊厳を大切にする環境」も大切です。子どもについて話をしていても、それが子どもの失敗やできなかったことを笑いの夕ネにするようでは残念です。これではテレビのバラエティー番組で見られるようなからかいとあまり変わりません。

保育者同士の対話がなぜ大切なのか。それは共に子どもの育ちを喜び、多面的に子どもを理解できるようになり、保育者としての資質向上が期待できるからです。けれど、子どもの尊厳を無視するような対話では、子どもへの理解や保育の質の向上にはつながらないでしょう。さらに言えば、子どもが育つ環境を保障できませ

ん。

子どもについて楽しく語り合うためには「互いに信頼できる保育者間の関係性」も重要です。忙しそうな担任の様子を見て、別の保育者が手伝ってあげようとした時に「大丈夫です！」と断られてしまったら、言われた保育者は、自分は信頼されていないと感じてしまうかもしれません。これでは、共に子どもについて話をする機会もなくなってしまうでしょう。

担任は「任を担う」と書きますが、クラスの子ども全員を担うことはできませんし、そうするべきではありません。保育者同士が互いに信頼し合い、園の子ども達を保育者全員で見守ることができるような連携が保障された関係性が大事なのです。

そして、一番大切なのは「肯定的な職場の雰囲気」です。厚生労働省が２０２０年3月に発行した『保育をもっと楽しく――保育所における自己評価ハンドブック』には、「互いに肯定的な理解と評価ができる職場の環境づくり」という項目があります。ここには「誰もがほっとした気持ちで子どものことや保育のことを話せる場をつくっていくことが大切です」と書かれています。これは保育所だけでなく、幼稚園や認定こども園などでも大切なことです。

「ほっとした気持ちになれる職場」とは、誰もが認められていると感じることができたり、子どもの話をたくさんしている職場でしょう。このような環境、関係性、雰囲気の中で保育者同士が対話を重ねていくことで、子どもの姿がより見えるようになるのです。まずは保育者同士、肯定的に見ることから始めませんか。

子どもの日常一つひとつを大切に

私が園長を務める幼稚園で、あそびの時間が終わるかな……という頃に起きたいくつかの出来事です。

園庭でセミ捕りをしていた5歳の男の子3人が、捕まえたセミを見せてくれました。彼らは競い合うように私にアブラゼミとクマゼミの違いを教えてくれるのですが、興奮して早口になっているので、何を言っているのかよく聞き取れません。それでもセミを捕まえた高揚感は伝わってきます。そして、3人がいろいろ話し合って出した結論は「クマゼミが一番強い」ということでした。

別の場所に移動すると、5歳の男の子が2人、雲梯の上に座っています。いつもは園庭を走り回ってあそんでいる2人ですが、今日は雲梯の上で、ほっとした表情で空を見ています。しばらくすると1人が「転んで血が出たけど、もう大丈夫。治った!」ともう1人の子に話しかけました。するとその子も「本当だね」と答えていました。

また、別の場所でのこと、そろそろあそびの時間が終わります。鉄棒に縄跳びのひもが結ばれたままになっているのを見つけた5歳の女の子数人が、担任と一緒に片付けようとしていました。けれど、ひもの結び目が固くなっていて、なかなか外せません。そのうちに「誰が一番早く外せるか」を競い合うようになり、それがだんだん楽しくなっていく様子でした。

これら三つの姿は、15分くらいの間に私が見かけたものです。どの園でも日常起きているようなことでしょう。けれど、日常的なことだからこそ、こうした子ども達の姿を大事にしたいのです。

セミ捕りをしていた子ども達は興奮し過ぎてうまく説明することができませんでしたが、それほどセミを捕まえることにのめり込める熱い心は貴重です。雲梯の上の2人のように、たくさんあそんだ後、他愛ない話をしながらほっとできるような場も必要でしょう。縄跳びのひもの片付けをあそびにして面白がっているのを見て、改めて子どもってすごいなと思うと同時に、片付けを優先せずに子どもの思いを尊重した保育者も素晴らしいと思いました。

こういった、なにげない子どもの日常一つひとつを大切にすることから、保育は始まるのではないでしょうか。

そして、「セミのような興味・関心を向けられるようなものがたくさんある」「雲梯の上のような、ほっとできる場所がある」「共感し合える仲間がいる」「片付けもあそびにできるゆとりがある」「子ども達を応援しようとする保育者がいる」……。そんな環境を保障することで、子どもはより夢中にあそび込めるようになっていくのだと思います。

夏の園庭でのごく日常的な出来事。そこから保育の根っことなる大切なことを感じることができました。

子どもに合わせて環境を再構成

2学期が始まりました。私が園長を務めている幼稚園の3歳児クラスに「ラーメンやさん」ができました。子ども達と保育者でアイデアを出し合いながら、あそびが盛り上がっています。

あそびが豊かになる時には複合的な要素がありますが、今回はその中でも保育の基本の一つである環境構成について、この「ラーメンやさん」を例に考えていきましょう。

担任の保育者は前日の子ども達の様子から、ラーメンを作る場所とお客さんが食べるテーブルを離すことにしました。おそらく子ども達が大勢であそぶので、空間を十分にとる必要があ

ると考えてのことでした。

ところが登園してきた子ども達は、前日とは違うあそび方を始めたのです。保育者の予想通りにはいきませんでした。いや、予想通りにはいかないことのほうが多いかもしれません。

この日は、ラーメンを作ってくれる子がお客の私に「何を入れる?」と話しかけてきました。そうなると、作り手と客が会話を楽しめるように、作る場所とテーブルを近くしたほうがよさそうです。けれど、その会話を聞いて周りの子ども達も集まって来たら、やはり広いスペースに変えたほうがいいでしょう。

こんなふうに、保育者はあそびに参加しながら子ども達の姿にふさわしい環境を考えていきます。あそびが豊かになるためにはとても大事なことです。

環境は、子ども達の興味や関心、前日の姿などをイメージしながら構成します。しかし環境は一度作ったらずっとそのままにしておくのではなく、再構成していくことがとても大切なのです。

環境の再構成とは、日々変化する子どもの姿、その時々の興味・関心に応じてふさわしい環境を考えることです。環境に子どもを合わせるのではなく、子どもに環境を合わせるのです。

どうしたら子どもに合った環境構成になるのだろうと悩むことも多いですが、この悩みが、実は保育の本当の面白さ、醍醐味《だいごみ》の一つでもあります。

悩むことは、悪いことではありません。ぜひそれを楽しんでほしいと思います。保育はうまくいくことが正しいわけではなく、「じゃあどうする?」と子どもと一緒に考えたり悩んだりすることこそが大事なのです。

運動会の意義を考える

秋に運動会を開催する園は多いことと思います。今年は、どの園も新型コロナウイルス感染症対策を工夫しながら、どんな運動会にするかを検討したことでしょう。

私が園長を務める幼稚園でも、会場が3密にならないように「学年ごとに保護者、子どもを入れ替える」などの配慮をして運動会を開催しました。そのため、1学年の活動時間が短くなるので競技も精選しました。

この状況を園側が「物足りない」「さびしい」「子どもがかわいそう」などと考えながら取り組んだとしたら、そのネガティブな思いが子どもにも伝わって子どもの育ちにつながらなくなってしまいます。ポジティブに捉えたいものです。

私の園の5歳児の担任は、運動会前に子ども達に「今年は年長組だけのスペシャルな運動会」と話していました。このように状況を肯定的に伝えると子ども達の意欲も高まります。

そして本当に「スペシャルな運動会」になりました。競技数が少なく、待ち時間も短くなったので、伸び伸びと穏やかに運動会を楽しむことができたのです。

幼稚園教育要領、保育所保育指針、幼保連携型認定こども園教育・保育要領の「領域『健康』」

の「内容の取扱い」に、次の文章があります（幼稚園教育要領を例とします）。

「心と体の健康は、相互に密接な関連があるものであることを踏まえ、幼児が教師や他の幼児との温かい触れ合いの中で自己の存在感や充実感を味わうことなどを基盤として、しなやかな心と体の発達を促すこと。特に、十分に体を動かす気持ちよさを体験し、自ら体を動かそうとする意欲が育つようにすること」

今年の運動会では、「内容の取扱い」に書かれていることが具体的に見られた場面が多く、まさに「スペシャルな運動会」でした。

競技数が多いとやることが増え、時間を気にし過ぎたり、一人ひとりの思いに丁寧に関わることが難しくなったりするなど、「温かい触れ合い」の機会が少なくなる傾向があります。けれど競技を精選したことで、一つひとつにじっくり取り組むことができ、子どもと保育者、さらに他のクラスの子どもや保護者とも温かく触れ合うこともできました。

運動会の翌週、満3歳の子ども達が、運動会の競技をアレンジして楽しそうにあそんでいました。5歳児のクラスではリレーを振り返る話し合いで、たくさんの話題が出ているそうです。「十分に体を動かす気持ちよさ」を、運動会で体験したからでしょう。

新型コロナウイルスで、様々な行事を見直さざるを得なくなっています。しかし、これを機会に、「今までの行事の在り方は正しかったのか?」と振り返ることが大事だと思います。

そうした意味では、「行事や保育の本当の意義を再確認するチャンス」と言うことができるでしょう。

子どもの「それぞれ」を大切にする

ここ数年、日本でもハロウィーンを楽しむ人が増え、盛り上がっているようです。私が園長を務める園でも、子ども達は暑さが残る時期からハロウィーンを話題にしていました。経済効果が大きくなり、ハロウィーン商戦の始まりが早まっていることも影響しているのかもしれません。

ハロウィーンといっても、イメージや興味・関心を持つところは子どもそれぞれで違います。魔女やテレビのキャラクターに仮装したい子ども達は、カラービニール袋や廃材などを活用し、工夫して衣装を仕立てました。

一方、お菓子を作りたい子ども達は「はろうぃーんけーき」というお店を出し、紙粘土で作った紫や茶色のケーキをいろいろなクラスに販売。また、「お化けをやっつける！」という子ども達は鉄砲やフリスビーなどを作ってあそんでいる姿も見られました。

その中で、5歳の男の子数人が、包帯を使ってミイラの人形を作っていました。ミイラがお墓から飛び出してくる設定です。お墓に白い十字架のマークを付けたいのですが、ちょうどいい白いテープが見つかりません。そこで、セロハンテープを何重にも重ね、白く見えるように根気よく作っていました。

一見ばらばらにあそんでいるようですが、ハロウィーンという共通するテーマの雰囲気ができていて、それに刺激されて興味・関心が広がり、あそびが深まっていったことも確かです。

このように、ある事象や出来事に対する興味・関心は子どもによって「それぞれ」で、あそびが深まっていく度合いも「それぞれ」です。また、子ども達の中にはハロウィーンに興味がない子どももいます。その子どもを無理やりどこかのグループに参加させることが正しいとも思えません。

「ハロウィーンにはこういうことする」と大人が決めつけるのではなく、やりたくないのに仮装をさせるのでもなく、子どもそれぞれの興味・関心を尊重することが保育では大事であるはずです。

もしハロウィーンを園行事で行うとしたらどうなるでしょう？ こうした「それぞれ」に対応できるでしょうか？ ミイラを作りたいのに仮装をしなければならなくなってしまうかもしれません。それでは子どもの主体性を大切にしているとは言えず、子どもの思いに寄り添うことが難しくなる可能性もあります。

行事化することのすべてが悪いとは思っていません。しかし、行事として始めることは簡単ですが、やめるとなると難しいものです。安易に始めてしまうと、子どもの「それぞれ」に対応できなくなるかもしれないことを意識しておく必要があるでしょう。

実習生が挑戦できる環境の工夫を

　私が園長を務める幼稚園に併設している小規模保育所でのことです。2歳児クラスで実習をしていた学生が、「子ども達が物の取り合いをしている時に、どうしたらいいのかわからなかった」と言ったそうです。そこで実習担当の保育者は、翌日、同じような取り合いの場面で保育者がどのように関わるかを実習生が観察できるようにしました。そして、その次の日に実習生が物の取り合いにどう対応するか、見守ったそうです。

　実習中は「見て学ぶこと」や「関わって学ぶこと」がとても多いものです。実習生を受け入れる園では、「見やすくする」「関わりを応援する」など、実習生の学びが深くなる配慮や工夫も必要であると感じた場面です。

　全国保育士養成協議会が2020年に「令和元年度指定保育士養成施設卒業者の内定先等に関する調査研究」の研究報告書を公表しました。その中で「保育職への就職を目指すことに決めた理由」を、複数回答可で養成校卒業生に聞いています。

　78・6％と圧倒的に多かった回答は「保育者になることが夢だったから」ですが、「実習が楽しかったから」（13・8％）、「実習で保育者の指導や対応が良かったから」（6・6%）、「実習で保育することに自信を持てたから」（5・2%）などの回答も多くあり、実習が保育職への就職を決める要素として大きいことがわかります。

一方、保育者にならなかった養成校卒業生に対して、同調査では「一般職に就くことに決めた理由」を聞いています。こちらは「保育をすることに自信をもつことができなかった」「辛かった」など、実習でのネガティブな体験が理由として多く挙がっていました。

実習での体験は学生の就職を左右するほど大きなものです。実習生はこれまで子どもとの関わりはあまり多くなかったこともあり、実習園での一つひとつの出来事が驚きであり、大きな感動になります。また保育者から認められたりほめられたりすることが大きな自信になる一方で、否定されたら想像以上にショックを感じます。

だからといって、実習生に迎合する必要はありません。先に挙げた物の取り合いの対応がわからなかった実習生は、実習後の感想に「挑戦と学びの多い実習になった」と書いていました。実習生が「どうしていいかわからない時」に挑戦できる環境を用意し、それが学びにつながるように保育者が応援したからでしょう。実習生は楽をしたいのではなく、深い学びを求めているのです。

実習が学び多きものになるために必要なのは、実習生の努力だけではありません。受け入れる園側の工夫も大切であり、共に学ぶ姿勢がポイントとなります。

行事は「なぜするのか」を明確に

ある園の副園長先生が、「行事は『何を』するかの前に、『なぜ』するのかを職員全員で共通理解することが大事」と話していました。例えば「運動会で、どんな競技をする？」と中身を相談する前に、「私達の園の運動会で大切にしていることは何か……」というように、行事の意義やねらいを明確にすることが大事だということです。

12月に、発表会をする園は多いと思います。私が園長を務める幼稚園でも毎年「生活発表会」を行いますが、今年は新型コロナウイルス感染症対策をして開催する予定です。

では、当園ではなぜ生活発表会を実施するのでしょうか？ 生活発表会はその名前の通り「生活を発表する会」です。生活の中での子ども達の興味・関心や育ちを劇などを通して発表するという意義があります。

また、子どもの育ちには「見えやすいもの」と「見えにくいもの」がありますが、その両者を大切にしたいということもねらいの一つであり、12月に発表会を実施する理由の一つにもなります。

「見えやすいもの」とは「縄跳びができるようになった」というような、保護者などからも見てすぐにわかる育ちです。

一方の「見えにくいもの」とは、子ども達の内面の育ちを指します。例えば、今年の5歳児クラスの劇の中にはクイズを出題するシーンがありました。このシーンでの「見えやすい育ち」は、語彙量が増えていることや、堂々とクイズを出題する姿です。一方の「見えにくい育ち」は、どんなクイズにするか友達や保育者と試行錯誤しながらアイデアを出し合う協同性だったり、これまでの園生活で積み重ねてきた自信や関係性です。

学年によってその姿は異なりますが、「見えやすいもの」と「見えにくいもの」、どちらの育ちも充実する時期が12月頃だと考えています。

さらに生活発表会には「今までの生活を発表するため」だけではなく「これからの生活を豊かにするため」という意義もあります。

発表会用に作った物であそぶというような「目に見える」ことと、発表したことが認められて得た自信など「目に見えない」こと、どちらの育ちも発表会を契機に、豊かにしていきたいと思います。

生活発表会に限らず、多くの行事は子ども達の「生活」を発表するイベントです。行事が日常生活をより豊かにする増幅器のような役割になるよう願っています。

どんなクイズがいいと思う？
はーい
こういうのは？
うーん どんなのがいいかな？
うん♥ それ、いいね

けんかは自分と向き合い考える時間

幼稚園で仕事をする時、私は1日に1回はカメラを持って、園内を回るようにしています。その時々の園の様子や雰囲気を感じ、園長としての様々な判断の材料としたり、今後の保育の方向性を検討したりするためです。さらに、園内で様々な場面に出会うことは私自身の学びの時間にもなっています。

ある日、3歳児の保育室に行くと、ブロックの取り合いで、男の子同士がけんかを始めました。私は当事者2人や周りの子ども達に事情を聞いてみましたが、余計にこじれるばかりです。

そこに担任の保育者がやってくると子ども達はほっとした様子で担任にいろいろ話しかけ、けんかを解決させて、またあそびが始まりました。当たり前のことですが、園長よりもいつも近くで応援してくれる担任のほうが子どもにとって安心できる存在なのです。

保育者と子どもの信頼関係がとても大切なのは言うまでもありません。それはただ一緒に過ごせば築けるものではなく、共にあそび、生活し、笑い合うような毎日を積み重ねることによって深まっていくものなのです。

次に4歳児のクラスに行くと、男の子2人が、「バカ!」「○○がいるから幼稚園楽しくなくなるんだよ！」「もう、嫌い！」と、ものすごい言い合いをしていました。

あまりの激しさにびっくりしましたが、周りの子ども達に話を聞くと、「また、やってるよ」とたいして気にしているようでもありません。しばらくするとけんかをしていたうちの1人がその場を離れたので、私は「どうする？」と声を掛けてみました。すると「今は謝る気持ちになんかなれない」と答えたのです。

私は「子どもってすごい！」と思いました。お互いに言いたいことを言い合う姿に、すがすがしさすら感じたからです。もちろんけんかの中では悪い言葉を使っていましたが、使っていい言葉と悪い言葉があることを知るのは、もう少し後の育ちに期待すればいいことです。この子達ならきっと、自分でそのことに気付くだろうと思える場面でした。

けんかをすると「ごめんなさい」と謝り、「いいよ」と許すことが解決であり、保育者は子どもをそこへと誘導したくなります。でも解決を急ぐことが正解でしょうか？

「今は謝る気持ちになんかなれない」という言葉を聞いて、私はけんかはじっくりと自分と向き合ったり、考えたりする時間でもあるのだろうと思いました。そうする中で、謝る言葉や許す言葉が出てくるまで待ってもいいのではないでしょうか？

園生活の中で、子どもはたくさんのことを学びます。それは子ども同士の関わりを通してだったり、保育者の働きかけによることもあるでしょう。園長として、こうした貴重な学びの場を、より充実させていきたいと改めて感じました。

複数の人の目を通して子どもを見る

保育に限ったことではありませんが、一人より、複数の人の目で見たほうが、より多くのことを理解することができます。このことについて、『保育所における自己評価ガイドライン』（2020年改訂版）には次のような文章があります。

「他の保育士等や保護者から子どもの様子や話していたことなどを聞いたり、異なる場面での様々な姿を丁寧に見比べてみたりすることで、今まで気がつかなかった心の動きや関係性の変化などが見えてきたり、ある出来事や経験の子どもにとっての意味や価値、『その子らしさ』といったものが、改めて浮き彫りになったりすることも少なくありません」

これは保育所に限らず、どの就学前施設でも大事なことです。では、ガイドラインにあるような、複数の保育者の目を通して子どもの姿を見ることについて、私の経験をもとに考えてみます。

私は園長なので、担任保育者よりも子ども一人ひとりのことをわかっているわけではありません。けれど担任よりも保育経験が多いので、子どものことをわかったつもりになってしまう危険性があります。

私は時々、担任保育者に「A君は○○だよね？」と聞くことがあります。すると担任保育者は「そういうところもありますが、△△な姿も見られるし、□□の時もありますよ」と答えます。会話を通して私の思い込みが修正され、また、答えた保育者も言語化したことで子どもの姿をより正しく捉えることになりました。

このように、園長が言ったことに対してただ「そうですね」とあいづちをうつのではなく、担任が自分なりの意見も話してくれることは、多面的な子ども理解につながります。もし園長が威圧的で、担任が自分の意見を自由に言えなかったとしたら、子どもを多面的に理解することはできません。

『保育所における自己評価ガイドライン』を活用する際の参考となるように作られた「保育をもっと楽しく─保育所における自己評価ガイドラインハンドブック」には、「誰もがほっとした気持ちで子どものことや保育のことを話せる場をつくっていくことが大切です」と書かれています。

子どもの姿をより正しく理解するためには、保育者同士で子どもの姿を率直に語り合える関係性や職場環境が大事なのです。

子どもの思いを「自然体」で受容し、応答的に関わる

幼稚園で子ども達が昼食を食べている時に雨が降り始めました。すると、その様子を見ていた3歳児が「外であそべなくなっちゃった」と泣き出したのです。

担任の保育者はそっとその子に近づき「外を見に行こうか」と言って手をつないで園庭に出ていきました。そして、空を見上げながら「雨が降って残念だね」などと声をかけました。そんなことをしているうちにその子も納得できたのか、落ち着いて再び昼食を食べ始めたのです。

その後ホールに行くと、5歳児がいくつかのコマを回してあそんでいます。それを見て保育者はコマの図鑑を持っていきました。2人で楽しそうに見たあとで、その子は図鑑に載っていたこまをブロックで作り始めたのです。

保育所保育指針の『乳児保育に関わるねらい及び内容』に、「受容的・応答的な関わり」と記載されています。この関わりは、乳児の間だけ大切にすればいいということではないでしょう。もちろん年齢によって関わり方は異なりますが、受容すること、応答することは、どの年齢でも大切です。

外であそべないと泣いていた3歳児が落ち着いたのは、外であそびたい気持ちを保育者が受

容し、応答的（幼児なら対話的と言ってもいいでしょう）に関わったことで安心感を得たからでしょう。

5歳児についても、様々なコマへの興味に保育者が気付き、その興味を受容し、図鑑を見ながら対話したことが、コマへの興味をさらに深めたのです。

この子ども達のことを何人かの保育者に話し、「子どもの気持ちを受容した場面」について質問しましたが、なかなかそうした場面が思い浮かばないようでした。いろいろ話をするうちにわかったのは、保育者は子どもの思いや興味を自然体で受容しているということです。意図的に受容しようとしているわけではないので、質問されてもすぐにその場面が思い出せなかったのです。

この、記憶にも残らない「自然体」がとても重要なのではないかと思います。保育はとても専門性が高く、様々な観点を考慮して営まれます。先々まで見据えて、保育者はいろいろなことを考えながら子どもと関わっています。

これはとても大事なことですが、保育をする上で同じくらい大事なのは、保育者が自然体であることです。計算しながら関わると距離感が生じるので、自然体で受容することが子どもに安心感を与えるのでしょう。

では、自然体で受容できる保育者になるための条件とは？　それは保育者自身が受容された経験を持つことです。そのためには職場内が「受容される環境」「応答的な関わりがある環境」であることが求められます。

子どもの話を聞き、受け止めることが出発点

4歳児のクラスをのぞいたら、新聞紙などで作った雪だるまがありました。私がそれを見ていると、ある子が「これ、ゆきこちゃんっていうんだよ。ここがね……」と教えてくれました。

隣のクラスでは恐竜を作った子達が「これね、トリケラトプスでね……」と話が止まりません。

さらに5歳児のクラスに行くと、廃材などでバーベキューセットが作ってあり、「これね、映画に出てくるんだよ」「見てよ、すごいでしょ」などと、いろいろ説明してくれました。

子ども達に「これなあに？」と聞くと、次から次へと話をしてくれます。時々、聞き取れないところもありますが、「聞いてよ」という子どもの思いは伝わってきます。それは子ども達の、はち切れんばかりのあふれる思いです。

思いを伝えたい気持ちは、人から言われて行動した時にはあまり見られません。自分達が「やりたい！」と思って夢中になって試行錯誤しながら作ったり、考えたりして心が動いた時に、多く見られます。

また、自分はそのあそびに参加していないのに「これね、AちゃんとBちゃんが作ってね、ここが動くんだよ」などと、たくさん説明してくれる時もあります。

大好きなAちゃんとBちゃんが楽しそうにしていたのが自分のことのようにうれしかったからかもしれませんし、作った2人を「すごい」と思っていたからかもしれません。

いずれにしても、子どもがうれしかったり楽しかったり、とてもポジティブに心が動いたからこそ話したくなっているのです。

大人でも同じですが、心が動いたことがあった時は、そのことを他の人に話したくなります。この時、大事なのは話を聞いてくれる誰かがいるということです。

私は、保育はもっとシンプルでもいいのではないかと思う時があります。

「保育者が子どもの思いを受け止め、共感する」。これを十分にできる環境がありさえすれば、子どもは育つのではないかと。実際には保育者はもっといろいろなことを考えなければなりませんが……。

子ども達が心を動かし、夢中になって話をしようとしている気持ちを受け止めようとしなければ、保育は始まらないのではないでしょうか。

大人が話をしたり、指示・命令をしたりする前に、子どもの話を聞こうとし、受け止めようとする。それが保育の出発点だと思うのです。

「伝える」ことが保育者の学びに

最近、保育においても「伝える」ということが重視されてきました。保育中の子どもの姿を保護者に伝えるドキュメンテーションやポートフォリオ、ラーニングストーリーなどが注目されています。

いくつかの園のこうした取り組みを見る機会がありましたが、どの園もとても魅力的な「伝える」実践をしていました。さらにすべての園に共通していたのは、保育者が「写真を撮り、文章を書くことで子ども理解が深まった」と話していたことです。

保育者が写真を撮るのは、子どもの姿を「すごい」と感じたり、育ちに気付いたりなど、心が動いた瞬間です。撮影をくり返すことでこうした心動く瞬間を見つけやすくなり、結果として「保育者の子どもの育ちを見る目が豊かになった」という実感をどの園の保育者も持つようになったようです。

ドキュメンテーションの文章を書くことも同じです。多くの保育者が「最初は書く題材がなかなか見つけられなかったけれど、数年取り組んできたら、今は題材を絞るほうが大変」と話していました。こちらも書くことを続けるうちに、子どもの育ちをたくさん見つけられるようになったのでしょう。つまり、「伝える」ことが保育者の資質向上につながったのです。

作家であり、工学博士でもある森 博嗣氏は、著書『森助教授VS理系大学生　臨機応答・変問自在』（集英社）の中で次のように述べています。

「他人に物事を説明する行為が伴うとき、個人の頭の中で情報がより整理されるのだろう。確実に理解度は深まる」

保育者には、保育や子どもの育ちについて説明する機会が多くあります。それは保護者だけでなく、同僚、上司、後輩、さらには実習生に対してです。これらを通して、保育者は多くの学びを得ているのです。

日々の子どもとの関わりの中で、何か感じたことや、ふと思ったことを写真に撮ったり文章にしたりという行為をくり返す。その中で子どもの育ちについての情報が整理され、より深い子ども理解へとつながる。「伝える」ことは保育者の学びの場の一つなのです。

しかし、この学びが独りよがりにならないように気を付けなければなりません。そのためには保育者が一方的に伝えるだけでなく、相手の話を聞くことも大切です。対話をくり返すことを通して学びはより深くなっていくことでしょう。

音楽から学んだ大切なこと

小学校4年生の時、兄のように慕っていたいとこがローリング・ストーンズのビデオを見せてくれました。私はその時、音楽の楽しさを知り、その後、今まで様々な音楽を聴き、それが私の考え方や行動の基盤の一つになっています。

例えばボブ・ディラン。アコースティックギターでフォークソングを歌うイメージが彼にはありますが、1960年代のあるコンサートでエレキギターを持って舞台に立ちます。すると、それまでの「ボブ・ディラン像」にこだわった観客が、彼にブーイングをしました。しかしボブ・ディランは演奏を続けます。さらにその後のツアーでもずっと、彼はブーイングを受けながらエレキギターを持って歌い続けました。他人の評価など気にしないかのように。

人は勝手に「あの人ってこういう人だよね」と、他者に対して固定観念を持ってしまいがちです。しかし私が「それって、本当にそうなのか?」と考えられるようになったのは、高校生の時くらいからずっとボブ・ディランを聴いていたからなのだと思います。

ボブ・ディランの影響はこれだけではありません。園の保育を変えた時、保護者などから様々なクレームを受けましたが、そんな時は、エレキギターを持ったボブ・ディランのことを思い出して、乗り越えようとしました。

私が音楽から影響を受けたもう一つの例です。

1980年代後半、ポール・マッカートニーはエルヴィス・コステロと仕事をしています。当時、ポールに意見を言う人は少なかったのですが、コステロはいいことも悪いことも率直に伝えたので、それをポールはとても喜んでいたそうです。

この話を知ったのも高校生の時です。「自分と同じ意見の人ばかりで集まっているのはよくないし、自分自身も人と違う意見を言ってもいいんだ」と感じたことを覚えています。

このような経験から、今、子どもの姿を見る時に、いろいろな人の意見を聞こうとするようになったのかもしれません。

私は、人生で大切なことを音楽からたくさん学んできました。子どもとの関わりについてもそうです。

細野晴臣の「恋は桃色」(昭和48年・ベルウッドレコード)に、こんな一節があります。

♪おまえの中で　雨が降れば
僕は傘を閉じて濡れていけるかな
濡れていけるかな……♪

もともとはラブソングなのですが、子どもの関わりも同じく、子どもが心の中に雨が降るようなつらい気持ちの時、傘をさしかけるのではなく、傘を閉じて、一緒に濡れているほうがいい時もあるでしょう。

子どもがうれしい時も悲しい時も、いつもそっと寄り添っていられるような存在でありたいと思います。

Column 1

不適切な保育を防ぐだけでなく、子ども主体の保育を目指そう

2022年、保育施設で子どもが亡くなったり、虐待されたりする不適切な保育が、多くのメディアの注目を浴びました。そして、不適切な保育を防止するためにはどうしたらよいか、様々な意見が寄せられましたが、その多くはカメラの設置や研修など「防ぐ」という視点からのものだったように思います。

しかし、子どもが育つ環境はただ不適切な保育を防げばよいわけではなく、豊かな環境や関わりが保障されなければなりません。そうであれば、子ども主体の保育を目指すことで不適切な保育から距離をとることができるのではないでしょうか。

さて、先日、年中組の子どもが粘土で作ったクッキーを職員室に売りに来ました。ちょうど、片付けを始める時間帯でした。しばらくすると担任が迎えに来たのですが、その時担任は「クッキーは売れたの?」と子どもに声をかけたのです。

日常のちょっとした場面ですが、とてもよい光景だと感じました。担任が、子どもの気持ちを第一に考えていたからです。

片付けをしなければならない時間でしたから、「あそんでいないで片付けなさい」と言うこともできたでしょう。でも、そんなことを言われたら、楽しそうにクッキーを売っていた子どもの気持ちはどうなるでしょう。

保育者の立場からすれば、片付けをして、次にこれをして……と計画通りに保育を進めることが頭にあるでしょうが、それを子どもに押しつけるのではなく、その時々の子どもの気持ちや思いを大切にすることが「子ども主体」の第一歩になるのではないでしょうか。そして、子どもの気持ちを大切にしていけば、不適切な保育はなくなっていくはずなのです。

ただし、子ども主体の保育を目指すためには保育者にもゆとりが必要です。例えば、活動が多過ぎて、子どもを急がせたり、並ばせたりする機会が増えると、指示通りにできない子どもを叱るなど、保育者主体の保育になってしまう可能性があります。子どもが主体性を保障され、伸び伸びと育つためには保育者が穏やかに関われる環境が大切なのです。不適切な保育を防ごうとするあまり窮屈になるより、もっと大切なことではないでしょうか。

2章

ミドルリーダーからのメッセージ

※対談者の肩書きは2020年当時のものです。

ミドルリーダーだからできることと、やるべきこと

亀ヶ谷元譲（宮前幼稚園副園長）

子どもの姿が語れなかった新任時代

田澤　今日は、幼稚園の副園長をお務めの亀ヶ谷先生にお話を伺います。早速ですが、新任の頃のエピソードを聞かせてください。

亀ヶ谷　担任になってすぐ、5月に家庭訪問がありました。新学期当初の子どもの様子を保護者にお話しするんです。でも、私は何も話せなくて、一緒に行った先輩の先生が代わりに伝えてくれました。

田澤　なるほど、いきなり担任になったら、クラスを運営することに精一杯で子どもの姿にまで目が向かないですよね。それで、どうしましたか?

亀ヶ谷　「子どものつぶやきや行動にアンテナを張ってなきゃ駄目だ」ってメモをとるようになりました。

田澤　それって大事です。メモをとることを通して気付いたり発見したりすることがあって、自分の保育を高めてくれます。

亀ヶ谷　もう一つ忘れられないのが、『虹《にじ》』のピアノ伴奏をすることになったけれど全然弾けない。歌の途中で何度もつっかえちゃうんです。すると年長の女の子が「私が教えてあげる」って自分の楽譜集を持ってきてくれました。「完璧を求められているわけじゃない。スーパーマンにならなくてもいいんだ」って思ったら心が軽くなりました。

田澤　保育って「何かができるようになる」ことが大事なんじゃない。子ども同士、あるいは保育者との関係でも、ピアノが弾けなくて困っていたら、どうしたらいいか考えたり、教えてあげようって思いやりの気持ちを持ったり、こういう経験をたくさんすることに意味がありますよね。

フリーの保育者だった時期は、どんなことを心がけていましたか?

亀ヶ谷　クラスの中には、どうしても輪の中に入れない子っていますよね。でも担任をしていると関わりきれません。フリーなんだから集団にとけ込めない子の気持ちに寄

亀ヶ谷元譲（神奈川県川崎市・宮前幼稚園副園長）

大学時代はラグビー部に所属していたスポーツマン。卒業後、横浜の幼稚園で３年、大阪の幼稚園で１年修業した後、神奈川県川崎市の実家の幼稚園へ。６年目にあたる昨年から副園長を務める。趣味はギター、カメラ、Ｂ級グルメ。５歳と０歳の２児の父でもある。

り添い、関わりきってこそ見えてくる彼らの姿を、担任とも共有しようと考えていました。

田澤　キーワードは「寄り添う」かな。集団に馴染《なじ》めない子をクラスに戻そうとしがちだけど、子どもの思いに寄り添ってほしい。また、フリーの役割として、子どものあそびを豊かにすることも考えてほしいですね。

亀ヶ谷　冬の寒い時期、火にあたるコーナーを作りたいと思って、七輪を出しました。餅つきの餅が残っていたので細かく切って焼いておかきにして食べたんです。友だちにも食べさせたいという子を中心に「おかきやさん」ごっこが始まりました。じっくり子どもと関われたからこそ、あそびが発展したんだと思います。

田澤　フリー保育者は子どもが新しいあそびを作り出すキーパーソンにもなれます。さて、副園長として理想の保育は？

「あそび込める保育」を実現するために

亀ヶ谷　「子ども達が主体的にあそび込める保育」ですね。でもその前提として先生達が伸び伸び保育できる雰囲気を作らなくては。「リーダーは先生達の担任になること」と尊敬する園長先生から教わりました。

田澤　なるほど。具体的にはどんなことをしているんですか？

焼きたてのパンを持ってにっこり

亀ヶ谷　去年、経験2年目の担任のクラスで、粘土のパンやさんごっこが盛り上がっていました。でも、そこからどう広げたらいいか担任は悩んでいたんです。「これ、子ども達とやってみたら」とたまたま雑誌で見かけた「野外でのパンの焼き方」の記事を渡したところ、担任自身にも本物のパンを焼いてみたいっていう思いがあったんですね。私の言葉が後押しになって、翌日、野外でのパン作りに挑戦することになりました。もちろん子ども達は大喜びでしたが、担任の先生の表情も、生き生きしていて素晴らしかったんです。先生達の可能性を広げることが、リーダーである自分の役割だと改めて思いました。

田澤　先生の可能性が広がると、子ども達の可能性も一緒に広がりますね。逆に、担任の思いを「前例がない」なんて言って否定してしまったら、「どうせ言ってもね」ってチャレンジしなくなってしまう。では、もし担任が失敗していたらミドルリーダーとしてどうしますか？例えば環境構成に子ども達が全く反応していない場合とか……。

亀ヶ谷　その保育者が一生懸命やった上での失敗なら、次にどうしたらいいか、一緒に考えます。私自身もまだ10年の経験しかないけれど、「こんな素材、使ってみたら」とか。

田澤　それって10年目のミドルリーダーだからこそできるアドバイスだな。園長からだと、やらなければならないことになっちゃう。ミドルリーダーからなら、軽く聞けるんですよね。うらやましい。先生達がわくわく保育できるように、どんな工夫をしていますか？

亀ヶ谷　私達の園では、ポートフォリオで子ども達の成長する姿を記録しています。その発展形で、保育中の先生達の生き生きした姿もポートフォリオにすることにしたんです。保育中のキラキラした表情を捉えた写真に、あなたらしく生き生きと輝いていることが大事ですよ、というメッセージを添えて渡しています。

田澤　もらった先生は恥ずかしいかもしれないけれど、こういうところが素敵だってほめてもらえたらうれしいだろうなあ。

亀ヶ谷　メッセージを読んで、涙ぐむ先生もいました。

新任の保育者達へのエール

田澤　新任時代には失敗もあった亀ヶ谷先生は、今や頼もしいミドルリーダーです。若い先生達にどんなことを期待していますか？

亀ヶ谷　そうですね。私も新任の時に苦しんだので、まずは子どもを知るところから始めてほしいです。子どもと同じ目の高さで、あそび込むことかな。子どもはこんなことが楽しいんだとか、子どもの気持ちに共感できることがたくさんあると思うんです。そうやって子どもを知っていくと、キャリアを積んだ時に、今、ここを楽しんでいるから次はこんな環境構成にすると、もっと興味が広がるだろう、というような予測ができるようになるはずです。

亀ヶ谷先生の
オススメ・アイテム

先生達のポートフォリオ

保育中のキラキラした表情の写真に感謝の言葉を添えて手渡します。照れくさいけれどうれしいみたいです。

対談を終えて

亀ヶ谷先生は、私の大学の教え子でもあります。学生時代から温厚で真面目な人柄は、周囲から信頼を得ていました。そんなキャラクターは保育者になってからも変わらず、困った時には気さくに相談にのってくれるお兄さん、というスタンスで先生達をリードしている姿は頼もしい限りです。

田澤

Yurie Mikami

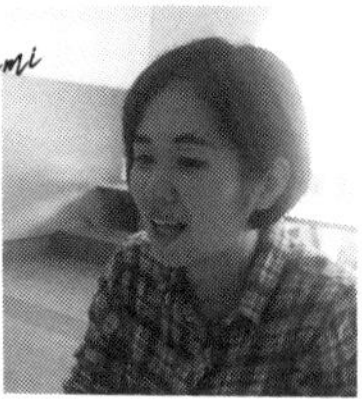

「本物に触れる、本物を見る」保育

三上祐里枝（RISSHOKID'S きらり主任）

田澤　今回の対談は、保育園で主任をお務めの三上祐里枝先生にお話を伺います。では、まず経歴を話していただけますか?

三上　はい、私は13年前に学校を卒業して、最初は同じ系列の別の保育園に勤務したんです。でも、すぐにその園の保育に違和感を持ってしまって。だって、子ども達があまり楽しそうじゃなかったから。

田澤　いきなりですか?

三上　ええ、いきなりなんです。だから、子どもが楽しいと思える保育をしようと。

田澤　独りで?　それはすごい。

三上　周りからは、あなたの保育は間違っているって言われたりしましたよ。でも、保護者の方が味方になってくれました。子ども達の生き生きしている姿を認めてくださったんだと思います。副園長が「君の考えは間違ってない」って応援してくれたことも大きかったですね。そして5年目くらいに副園長が新しい保育園の園長になることになって、そこで一緒に新しい保育を始めようと誘っていただいて。

田澤　それはラッキーでしたね。

三上　そうなんです。だけど難しかったんです。頭では「新しい保育がしたい、子ども主体の保育がしたい」って思っているのに。

田澤　どういうことですか?

三上　前の保育園では4・5歳を見ていたのでこの園でも4歳児を担任することになりました。でも新入園の4歳児は園生活は初めてなので、園での衣食住に関しては乳児と同じくらいできません。私は0～3歳児の担任の経験がないので援助するノウハウがなく、1人担任で相談できる相手もいなくて。

田澤　理想と現実のギャップは大きかった。

三上　そうなんです。毎日こんな保育をしていたら、子どもも私も楽しくない。じゃあどうしようかって考えた時、私のとりえといえば、人が大好きで社交的なこと。初対面の人とでもすぐ仲よくなれるんです。このとりえを生かして、地域の人達に助けてもらおうって思った

三上祐里枝（神奈川県相模原市・RISSHO KID'Sきらり主任）

卒業後保育園に５年間勤務し、４・５歳児を担任。その後同系列の新園立ち上げに伴い、現在勤務中の保育園に異動。５年間４･５歳児を担任。10年目からは担任をはずれ、クリエイティブディレクターとして保育者のリーダー的役割になり後進の指導にあたる。昨年からは主任として園長補佐の仕事も担う。

んです。

地域とつながる保育

田澤　かなり飛躍的な発想ですが、三上先生の中ではしっくりくるんですよね。

三上　その時にパッと光が見えたんです。外に出て地域とつながって、いろんな人と関わったほうが楽しいなって。その頃、子ども達が牛丼やさんごっこをやっていたんですよ。たまたま近くの牛丼やさんで知り合いが働いていて、牛丼やさんを見学させてもらえたんです。そうしたら帰って来て、子ども達が券売機や箸入れを作り始めたんです。子どものあそびって本物を見ることでこんなにリアルになるのかって自分も学びました。実際には結果オーライのチャレンジでしたが、園長先生が「地域資源を活用すると保育が豊かになる」と上手に文章にまとめてくださいました。

田澤　園長先生が認めて、さらに文書化する。すごく大事なことですね。文書にすれば1人の先生の経験を園全体で共有できます。こういうこともあって園の特徴である「本物に触れる、本物を見る」保育が定着したんだと思います。三上先生は今は担任はせず、後輩の保育者の育成にあたっていらっしゃるそうですが、どんなこ

ちょっぴり緊張ぎみの牛丼やさんの見学

とを意識していらっしゃいますか?

三上　2つあるんですが、一つはもちろん保育者としての保育の質、内容。二つ目には働きやすい環境作りです。保育の質に関しては、先生達に毎週金曜日に週日案を出してもらいます。それを読んで、子どもの姿がよく捉えられている箇所には赤ペンを引いて、「ここがあなたのいいところです」とコメントも加えます。だめ出しはしないです。私が園長先生にしていただいてうれしかったことを継承して、若い先生達の自信につなげたいと思って。それから、この園は外に出かけることが多いので、その分、危険な場所の確認などリスクマネジメントは欠かせません。地域の方にお世話になる分、子どもの作品などを持って事前に丁寧にプレゼンしたり、心をこめた事後のお礼も大切です。こちらの思いだけで協力をお願いすることが先方にはとても負担になる場合もあります。そうしたことに配慮が欠けていないか確認するためにも、保育者同士のミーティングには顔を出します。また、働きやすい環境作りに関しては、ランチタイム制度やカフェタイム制度を導入しています。

働きやすい環境作り

田澤　どんな制度なのですか?

三上　保育者は働いている間、1人になれる時間がありません。お昼だって、子どもの給食を見なくてはならない。私、OLの人みたいにお財布を持ってランチに行くのが夢だったんです。それで3年前に提案したら園長先生があっさりOKを出してくれて。フリーの保育者が給食の時間だけ担任の代わりをすればできますよね。

田澤　お財布持ってランチ行きたいって、私も時々聞きますよ。

三上　保育者は絶対みんな思っていますよ。最近カフェタイムも始めました。この園は本当に狭くて、職員の休憩室がありません。それで毎週金曜日の3時から5時、ローテーションで近くの喫茶店でくつろげるようにしました。

田澤　保育と人材育成は根っこが同じだなと思うんです。子どもを肯定的に見る保育をしている人達は人材育成も肯定的です。三上先生が新人の先生達に期待するのはどんなことですか?

三上　まず、8年かけて築いてきたこの園の保育を理解してもらいたいですね。この園がいいと思って就職しても、いざ入ってみたら戸惑うこともあると思います。でも、保育という仕事の楽しさとやりがいを味わってほしいです。

田澤　自分なりのよさを発揮しながら、この園が大切にしていることを理解していってほしいということですね。

三上　私だけではなくて、園長先生にも「理想とする保育」について話してもらうこともあります。あまり多くを語る方ではありませんが、熱い心を持っているので。

田澤　三上先生も熱いですよ。ミドルリーダーとしてますます活躍されることを大いに期待しています。

三上先生のオススメ

ランチタイム制度とカフェタイム制度

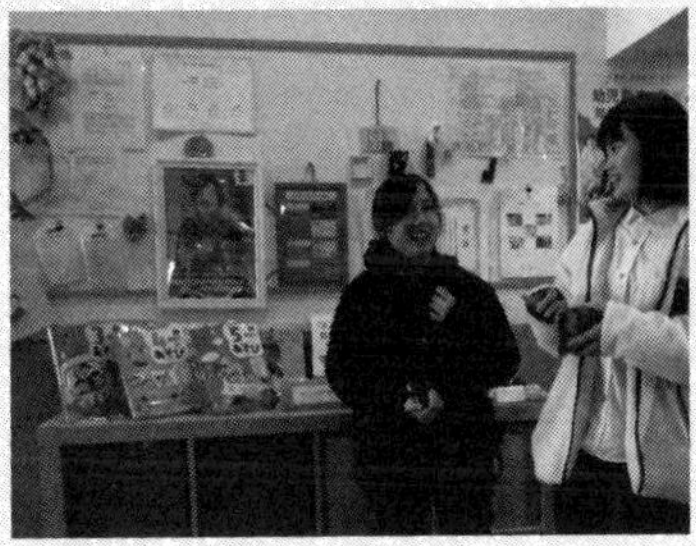

お財布を持って、外で休憩したいと思っている保育者って多いのでは……？　1人になれる空間で気分をリセットすると、子ども達と真剣に向き合う力が湧いてきます。

対談を終えて

三上先生はとても熱い思いを持って保育に向き合っています。子どもの育ちに本物の体験が必要と思えば即実行する行動力が魅力的ですね。そんな熱い思いを子どもだけでなく、保育者にも注ぐのがミドルリーダーの大切な役割の一つかもしれません。

田澤

Yuuko Saito

出会う人達の心に寄り添う保育

齋藤優子（月かげ幼稚園副園長）

園舎の2階で育った子ども時代

田澤　今回は東京の下町、江東区の幼稚園で副園長をお務めの齋藤優子先生にお話を伺いたいと思います。早速ですが保育者になられた動機は？

齋藤　両親がここで幼稚園を始めて、私が生まれた当時は実家は幼稚園の2階でした。常に園児の声を当たり前のように聞きながら育っていったんです。だから自分の進路を選ぶ時も、この特性を生かしたほうがいいと思って、玉川大学に入学。そして卒業後はそのまま玉川学園幼稚部で働くことになりました。

田澤　学生時代、そんな齋藤先生の姿をまぶしく拝見していましたよ。

齋藤　玉川の幼稚部って、当時も先生の半分は男性でしたから、保育も骨太なんですね。いきなり大声で歌ったり素話をさせられたり、おそらくほかの園ではちょっと経験できないような濃密な4年間でした。そして結婚を機に実家の月かげ幼稚園に移り、2人の男の子の子育てをしながら主にフリーの立場で保育に携わってきました。

田澤　副園長になられたのは？

齋藤　10年前です。

田澤　副園長として、一番大切にされているのはどんなことですか？

齋藤　私はとにかく人が大事だと思っているので、人の心とか、人の気持ちでしょうか。

田澤　例えば先生方に対しては、どんなことに気を付けていらっしゃいますか？

齋藤　相手の気持ちになって考えることです。ほめる時は大勢の前でほめるけれど、注意する時は掃除の時に目立たないように、とか。時には厳しさも必要なので、あえて大勢の前でも注意しますよ。そのさじかげんが難しい。

田澤　えーっ、温和な齋藤先生の厳しく指導する姿ってあまり想像がつかないけど。おそらく包容力のある齋藤先生の厳しさと、いつも眉間にしわを寄せているような

齋藤優子（東京都江東区・月かげ幼稚園副園長）

玉川大学教育学部卒業。卒業後４年間附属の幼稚部に勤務したのち実家の幼稚園へ。３歳児の担任、フリー保育者などを経て、10年前から副園長を務める。実姉の岩崎麻里子園長とともに、園伝統の、心に寄り添う保育を日々実践中。

人の厳しさって、中身が違うんでしょうね。

小さなことを見逃さない嗅覚

齋藤　私、『北風と太陽』の太陽が好きなんです。北風をぴーぷーあてるよりも、太陽のように温かく包み込むことで、自ら気付いてくれるほうがいいなって思うので。

田澤　太陽のような温かさが信頼感につながっていくのでしょうね。では包容力いっぱいの齋藤先生が新任の先生方に望むことってどんなことでしょう?

齋藤　私、「失敗は成功のマザー」という名言(?)も好きなんですけど、失敗するなら今のうちって常々言ってます。この園には過去の先輩達の知恵が結集した学年ごとの〝申し送りノート〟があって、それを踏まえてやっていけば間違った保育にはなりません。でも、チャレンジする気持ちは持ち続けてほしいんです。だから、いいなと思った時は小まめに走っていって、「よかったよ」って激励したり。

田澤　わかります。その場ですぐに、ですよね。

齋藤　私、そういう時の嗅覚はものすごくよくて、ちょくちょくクラスに入っていて、耳元でささやいちゃうんです。

田澤　それはうれしいですね。では、経験豊かなベテランの先生とはどのように関わっていますか?

齋藤　保育者としてのプライドも高くなっていますから自尊心を尊重して提案型でいこうと。

田澤　提案型というのは、齋藤先生が提案するのではなくて……。

齋藤　もちろんです。イエスマンになってしまったら困りますから。「どうしたらいい?」という私の問いかけに対して提案を返してもらうようにしています。

田澤　なるほど。子どもの主体性を大事にしているのに、先生の主体性を潰してしまったら、矛盾していますものね。

齋藤　だから、急がば回れじゃないけれど、「違う、こうだよ」って言いたいんだけど、どうしたらいいと思うって聞いてみるんです。すると、「こうじゃないですか、やってみましょう」って返してくれたりするんです。

田澤　待つことって大切ですよね。では、この園の子ども達には、どんな子になってほしいですか?

愛情はこぼれるほど注ぎたい

齋藤　自分っていいな、という気持ちをずっと持ち続けていられる子になってほしいなって思います。というのも、最近、学校へ行きたくないとか、行けない、っていう子、案外多いですよね。いくら愛情タップリで育てても、ちょっとレールから外れるだけで、ものすごく置いてきぼりになっちゃう世の中です。だから、そんなときにも自分はこんなに愛されてきたんだというのを思い出せるように、幼児期はとにかく愛情をこぼれるほど注ぐというのをモットーにして、それはお父さんにもお母さんにも機会があれば言っています。ありがたいことに忙しいお父さん達も、「愛情を注ぐなら今だ」みたいな話を土曜日の夕方、聞きに来てくださるんです、100人以上も。

田澤　そこは親御さんにはわかってほしいところですよね。

齋藤　私、また嗅覚の話になっちゃうんですけど親御さんのささいな変化、絶対見逃さない。「髪切った？　パーマかけたでしょ」、とかね。すると、「誰にも気付かれなかったのに先生すごい」なんて、お母さんもまんざらではなさそう。だから毎日、おばちゃんパワー炸裂《さくれつ》で門の前に立っているんですよ。気さくに話ができるようになると「実はこんなことに困っていて……」なんて相談事も打ち明けてくれるようになるんです。

田澤　保育って人間の根っこを作る仕事だから、保育の考え方って、人材育成にも、保護者対応にもつながりますよね。

齋藤　ちょうど今度の日曜日、年に一度の園のお祭りがあるんです。このお祭りは子育てのお話を聞きに来て知り合ったお父さん達が企画、運営すべて取り仕切ってくれるお祭りなんです。「愛情をたっぷり注いで、我が子には強いハートを持ってほしい！」と、気持ちを一つにして真剣にイベントの運営に取り組んでくださるお父さん達の存在は、本当に心強いです。

田澤　先生達のちょっといいところを受容したり、お母さん方の小さな変化を見逃さなかったり、子どもの自己肯定感を何より尊重したり。この園の温かい雰囲気は、冒頭に齋藤先生がお話しされた、人の心を大切に、出会う人達の心に寄り添うことが日々実行されているからなんですね。小さな積み重ねの大切さがよくわかりました。

齋藤先生の
オススメ

父の会

新学期当初、緊張気味に仕事や趣味を名乗り合っていたのが３学期にはこのとおり。一枚岩の結束力でお祭りを仕切ってくださいます。こんな交流を通して、パパの子育て力もグングンアップ！

対談を終えて

システム構築や人材育成は大事ですが、それ以前に、人としての温かさや思いやりを忘れてはならない……。齋藤先生との対談で再認識しました。齋藤先生のおっしゃる「嗅覚」は、相手を思いやるところから発せられる感覚なのかもしれません。

田澤

Mina Gushiken

研修内容を共有し、「質の向上」を目指す

具志堅未奈（首里当蔵保育園副主任）

公立から民営への移行を経て

田澤　今回は沖縄県那覇市にある、首里当蔵保育園の具志堅先生にお話を伺います。まず先生の経歴を教えてくださいますか？

具志堅　はい、私が勤務している園は、去年、火災で焼失してしまった、世界遺産の首里城のすぐそばにある定員90名の保育園です。今から14年ほど前、私が勤め始めた頃は公立の保育所でしたが、3年後くらいに民営化で社会福祉法人の保育所に変わりました。

田澤　大変な時期を経験されたのですね。

具志堅　そうですね、民営化されて「社会福祉法人の理念に基づいた保育をするように」と言われても、どうしたらいいのか戸惑ってしまいました。同僚も少しずつ辞めていって、私も離職を考えたんですが……。

田澤　その時、踏みとどまったのはなぜ？

具志堅　公立の頃から在籍していた職員は私だけになっていたんですが、園長と主任が熱心に引き止めてくださったんです。「もっといい園にするために、話し合ってやっていこう」と言ってもらえたことがうれしかったですね。

田澤　上に立つ人が、現場とともに保育を作っていこうという感覚があるかないかはすごく大きいですね。

具志堅　実は今日の朝、現場がちょっと大変だったんです。急にお休みの職員が出て、早朝の時間帯は職員数がぎりぎりで、なんとか乗り切ったんですが、朝からマイナスな気分でスタートすると雰囲気もよくなくなるじゃないですか。だから、園長に、「もう少し余裕を持って職員配置を考えてほしい」って伝えました。

田澤　多少言いづらいこともストレートに伝えることで、改善すべき点が明らかになります。具志堅先生と園長先生の間でホウレンソウ（報告・連絡・相談）がきちんとできているのがいいですね。慰留された時も、この園長となら信頼関係を作っていけると思えたから、園に残ることを決めたのではないですか？

具志堅　未奈（沖縄県那覇市・首里当蔵保育園副主任）

保育士１４年目。公立保育所から民営化された後も在籍する、唯一の保育者。現在は副主任兼フリー保育者として現場の声に応えるべく日々奮闘中。趣味はフラダンス。

具志堅　はい。それで、私は現場と上の人達をつなぐ役割になろうと、5年目くらいからは担任を持たないフリーの立場になり、今は副主任という役職です。

子どものつぶやきから始まる保育

田澤　もっとよい園に、ということで頑張っていらっしゃるわけですが、今、園としてどんな保育を目指しているのですか？

具志堅　保育指針が変わったこともあって、子ども達の主体性を大事にしていこう、子ども達のつぶやきとか興味があることを拾い上げて保育をしていこうとみんなで話し合っています。

田澤　「子どものつぶやきを大切に」ということですが、どんなことがありましたか？

具志堅　3歳児の「ちんすこうを作りたい」というつぶやきをきっかけに、ちんすこうプロジェクトが始まりました。園の近くのちんすこうやさんに見学に行って、材料にはラードが必要なことを知ったり、ラードを譲ってもらいに肉やさんに行ったり。いざ作ってみたらすごく苦い味になってしまったりしながらも、最後にはおいしいちんすこうを作ることができたんです。子ども達の声から保育が広がっていったのがすごいと思いました。こういう楽しいエピソードをボードフォリオにして保護者に発信するのも私の仕事です。

田澤　保育が広がっていく過程で失敗があったりすると、担任の先生も不安になると思うんですね。これでいいのかなって。そんな時、ミドルリーダーとして、どうフォローしますか？

具志堅　園全体が「まずはやってみよう」という雰囲気なので、担任も気が楽なんじゃないでしょうか？　もし失敗したとしても、みんなで考えて、いろんな角度からアドバイスがもらえます。そんな関係性が職員間でできているのが、この園のいいところだと思います。

田澤　活気があるんですね。

具志堅　はい。園長が率先して後押ししてくれるので、「まずはやってみよう」から始まっています。

田澤　やってみたからこそ失敗もあるわけですからね。

具志堅　子ども達もそこから気付いてくれることもありますから、失敗も大事だなと思います。

研修は熱い気持ちで！

田澤　活気があるという園の基になっているのはどんなことでしょう。

具志堅　園外、園内を問わず、研修を重視していることではないでしょうか？　県外の園を見学して来ると、園長は、そこでよかったことを写真なども交えて熱く語ってくれるんです。

田澤　沖縄県の場合は海に囲まれていますから隣の県に見学に行くといっても大変です。それだけに貴重な研修で得てきたものを園のみんなで共有したいと、園長先生も力が入るのでしょうね。研修で一番大事なのは熱い気持ちだと思います。他の人達にも伝わるじゃないですか。

具志堅　そうですね。園長は、熱い思いを語ることはもちろんですが、私達を積極的に研修に出してくれます。「どんなことを研修したのか」を「ボードフォリオ」にして保護者には伝えています。

田澤　なるほど、保護者にも「研修は保育をよくするために必要」ということが伝わりますね。

具志堅　私達が研修に出たら、その間は園を空けることになります。保護者の協力や理解があってこそ研修ができるのだと、感謝の気持ちも伝えたいと思っています。

田澤　園内の研修について、もう少しお話ししていただけますか？

具志堅　私達の園には、保育班、危機管理班、保健班、食育班という四つの班があって、各クラスの担任はそのどれかに属しているんです。各班はアドバイザー（リーダー役の保育者）が中心になって2か月に1回集まり、それぞれの課題について話し合っています。また保育については各クラスリーダーが月に1回集まって、クラスの様子や気になる子、翌月の保育をどうするか、など情報交換をします。ここで話し合われた内容を他の保育者達にも伝えるようにしています。

田澤　こうした研修も、みんなで話し合いながら整えられてきたんですね。研修って1回で効果が表れるわけではなくて、いろいろな積み重ねの結果が、だんだん出てくるのだと思います。さて、ミドルリーダーとして具志堅先生が現場の先生達と話をする時、心がけているのはどんなことでしょう？

具志堅　フリー保育者としてちょっとクラスに入った時など、いいなと思ったことを伝えるようにしています。子ども達の素敵な姿やつぶやきとか。何よりも出しゃばり過ぎないように。ちょっと気になったことを注意しても、クラス担任にすれば「急に来てなんなの？」という気持ちになるでしょうから、言い過ぎない、言葉を選ぶ、を意識しています。

田澤　そこがすごくデリケートで、でも、すごく大事なことですね。

具志堅　「これだけは見過ごせない」と思うことは言うようにしていますが、それよりも保育者のいいところを見つけて声をかけたいな、という思いがあるんです。

田澤　保育と一緒ですよね。子どものいいところを見てあげようという仕事をしているのだから、職員間でもそうしていきたいですね。ありがとうございました。

具志堅先生の
オススメ・アイテム

コミュニケーションツールとしての「ボードフォリオ」

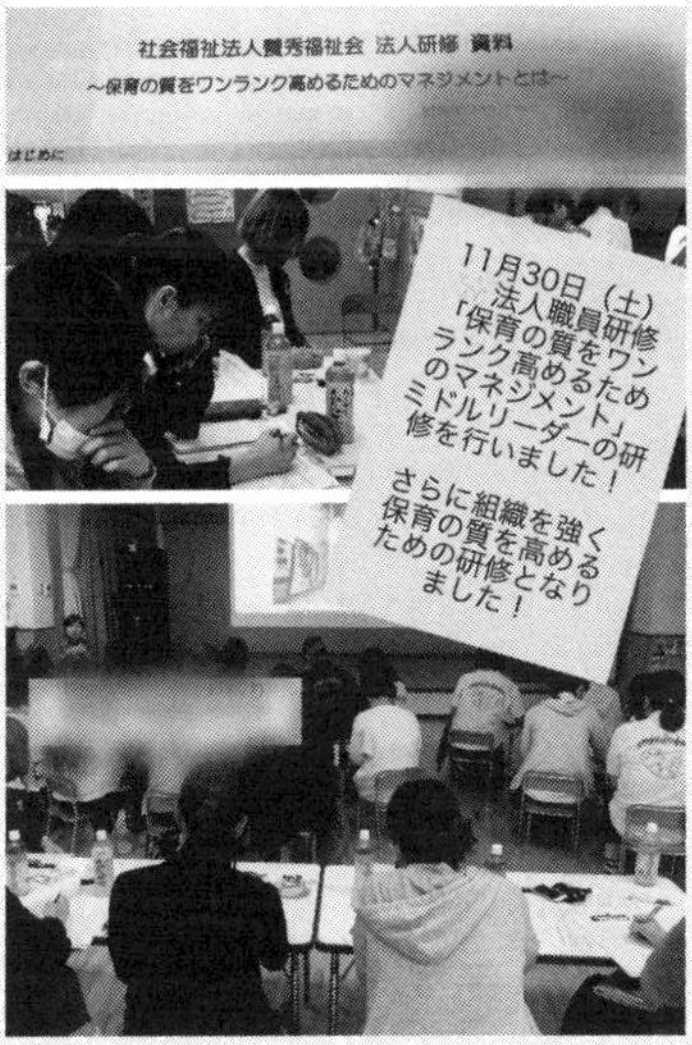

保育の楽しいエピソードや感謝の気持ちはボードフォリオにして保護者に伝えます。「写真と短い文章で簡潔に！」がポイントです。

対談を終えて

今回の対談はオンラインで行いました。対談の途中で園長先生も参加してくださり、普段からうまく連携がとれている様子を実感できました。トップとミドルリーダーのパイプがしっかりしていることも、保育では重要な要素です。

田澤

映像を活用して、子どもの育ちを共有する

鈴木磨耶（ハッピードリーム鶴間主任）

Maya Suzuki

ミドルリーダーは孤独？

田澤　今回は東京都町田市の保育園、ハッピードリーム鶴間の鈴木磨耶先生にお話を伺います。今は主にどんな仕事をしていらっしゃるのですか？

鈴木　主任保育士になって7年目。主にフリーとして、子どもと保護者と職員、それぞれを小まめに見ることが役割です。

田澤　以前この園にお邪魔した時、鈴木先生が現場の先生達と楽しそうに話をしていたのがとても印象的でした。どうしたらあんなふうに対話できるのでしょう？

鈴木　私が気を付けているのは、子どものエピソードをなるべく共有したいということと、何か話したそうな時は、聞こうとする姿勢を見せることですね。「今は正直、時間がない」と思う時もありますが、一度それをしてしまうと相談しづらくなっちゃいますよね。困った時は話に行こうと思ってもらえるような主任でありたいと思っています。副主任の頃に失敗もしてきているので。

田澤　えっ、どんな？

鈴木　副主任になったばかりの頃はとても孤独を感じました。クラス担任の仲間には入れず、かといって園長、主任が仲間かというと、それもちょっと違う。だから無理やり現場の先生達とコミュニケーションをとろうとしたんですが、相手の都合も考えないから煙たがられる。上から指示が来ると、それをそのまま伝えるだけ。関係性を作れていない中で、あれをやれ、これをやれと指示だけ出す嫌な人だったんです。孤独に慣れて、話しやすい雰囲気を作らなければ何も始められないと気付くには時間が必要でした。

田澤　孤独って、ミドルリーダーは共通して抱えているのではないでしょうか？　特に担任をしていた先生は、子どもとは離れてしまうし、人材育成なんて習ったことはないしで、やってられないって思うでしょうね。

鈴木　本当にそうなんですよ。でも、今は逆にいいとこ取り

鈴木磨耶（東京都町田市・ハッピードリーム鶴間主任）
専門学校卒業後、３年間保育園に勤務。一旦退職して他の職業も経験するが、子どもの面白さが忘れられず、再度保育者として復帰。現在に至る。

だなと思っているんです。担任じゃないから、いろいろなクラスに好きな時に行けて、子どもの素敵な部分をたくさん見つけて。客観的な立場だからこそ見えることもありますし。

田澤　その境地に至るまでには、いろいろな葛藤や試行錯誤があったでしょうが、無駄ではなかったということでしょうね。さて、子どものエピソードはどうやって共有していらっしゃるのでしょうか？

写真や動画で子どものエピソードを共有

鈴木　朝夕の忙しい時間に保育フォローに入るんですが、その間に子どもの面白い姿がいくつも見つかります。けれど担任は他のことに追われて見えていない時がありますす。そこで写真や動画に撮っておいて、後で見てもらいます。子ども理解という堅苦しさではなく、面白かったことを、みんなで分かち合いたいんです。

田澤　とはいっても面白がるだけではないですよね。どんな意図があるのでしょう？

鈴木　保育は作業化しがちです。書類に追われ、保護者対応に追われ、いろいろなことに追われて1年が終わったと思ったら、すぐまた新しい1年が始まる……。こうなってしまうと、子ども一人ひとりについて、みんなで語り合うなどという余裕はなくなってしまいます。この園の理念は「個を大事にする、主体性を大事にすること」ですから、どう解決するかが課題でした。私が面白いと思った子どもの姿を提示することが、担任がクラス集団の中の個を大切にするきっかけになればと。

田澤　距離が近過ぎるから見えないところがあるので、ミドルリーダーが客観的な視点を提示するのは大事ですね。でも、考えを押し付けるのではなく、逆に鈴木先生は聞き役に徹して、若い先生の話を引き出しているのが素晴らしいです。語り合うきっかけを作ることがカギかな……。その時に写真や動画というツールがあるから、話しやすいんですね。

鈴木　映像は撮った人の視点がよくわかります。

田澤　心が出るんですよね。写真や動画を撮る時、どんな機材を使っていますか？

鈴木　デジカメとｉＰｏｄが各クラスに2・3台ずつあります。パソコンも1台ずつ各クラスに置いてあります。

田澤　それは充実していますね。そういう物を、どう使っているのですか？

鈴木　この園では乳児クラスでは週に1回程度、幼児クラスは毎日、「壁新聞」（77ページ参照）を掲示するんですが、デジカメやｉＰｏｄ ｔｏｕｃｈで撮影した素材をパソコンで編集して、文章も添えたりして各担任が作ります。「今日は、こんな活動をしました」という保護者へのお知らせですね。一応ドキュメンテーションの形式をとっていますが、保育の記録というレベルまではまだ至っていません。面白かったエピソードだけに絞ったり、今日はこの子をピックアップ、みたいなことがあってもいいと思っているんですけれど。

田澤　保護者にしてみれば、今日はどんなことをして過ごしたのかを、まず知りたいでしょうしね。壁新聞を見た保護者の反応は、どうですか？

鈴木　自分の子が写っているとうれしそうですね。でも、他の子のことも、けっこうよく見てくれるんですよ。そういう保護者がいると、「あなたのお子さん、壁新聞で見たわ」なんて話してくれるので、それをきっかけに、今まであまり関心のなかった人も、興味を持ってくれたりします。親同士の口コミの力は大きい！

田澤　活動のお知らせになってしまっているとおっしゃっていましたが、毎日壁新聞を出し続けることで、この園の大事にしていることが、じんわりと保護者に伝わっていっているのではないでしょうか。

鈴木　確かにそうですね。

子どもって面白い！

田澤　では最後に、鈴木先生にとって、保育の楽しさってどんなことでしょう？

鈴木　「子どもって面白い！」ですね。２歳の男の子が保育室でかくれんぼをしていたんです。いろいろなところに隠れて、もう隠れ場所がなくなって、やっとおもちゃを収納するロッカーを見つけてそこに寝転がったんです。でも、外からは丸見え。すると近くにいた子が、牛乳パックの手作りおもちゃを男の子の前に並べて隠してあげていました。いつもけんかばかりしている２人なのに、いつの間にか他の子の気持ちがわかるようになっている姿にうれしくなりました。

田澤　子どもは別に面白がらせようとしているわけではなくて、一生懸命生きているだけなんですよね。保育者はその姿を面白いと思い、それに共感してくれる仲間がいる。さらにそれを保護者にもお裾分けする。こんなことをくり返しながら、三位一体で保育は広がっていくのでしょうね。

鈴木先生の
オススメ・アイテム

壁新聞

デジカメなどで撮った子どもの園での一日を壁新聞にして保護者のために掲示します。保育の楽しさが、じんわり伝わっていきます。

対談を終えて

保育と一緒で、ミドルリーダーも試行錯誤しながら、失敗しながら育っていきます。画像で育ちを共有するなど、様々なチャレンジをしていらっしゃる様子が印象的でした。

田澤

Manami Tanaka

「きちんとできる子」から「あそびに夢中になれる子」へ

田中麻菜美（北郷あゆみ幼稚園主任）

子どもが、今楽しいことを夢中でできる保育

田澤　今回は、札幌市の北郷あゆみ幼稚園の田中麻菜美先生にお話を伺います。早速ですが、今は、どんな仕事をされているのでしょう?

田中　この園は幼保連携型の認定こども園で0歳児から5歳児まで、約200人の子ども達が在籍しています。私は3歳以上児の主任をしています。

田澤　ずっとこの園に勤務していらっしゃる?

田中　いえ、初めに別の幼稚園に1年勤務したあと、この園の系列の保育園に5年間勤めました。そして、本園に移って来ました。5歳児クラスの担任をしながら、主任も兼任しています。

田澤　保育園に勤務されていた時は、どんな保育をされていたのでしょう?

田中　その頃は「小学校に行っても困らない子に育てる」ということを大切に考えていました。先生の言う通りに行動できる子、先生の話をちゃんと聞ける子がいい子だと……。

田澤　そして、幼稚園に異動されたわけですが。

田中　幼稚園なら、ますますなんでもきちんとできる子にしなければ、と思っていました。ところが園長の「子どもが、今、楽しいことを夢中でできることが大事。そのためには保育者も一緒になって楽しむように」という話を聞いて、そんなものなのかな、と。

田澤　ちゃんとできる子に育てることと、子どもの楽しみを一緒に楽しむことでは距離がありますよね。園長先生の一言、二言だけでは、なかなか考えを変えられなかったと思うんですけど。

田中　園長自身が田澤先生の園に見学に行った時の様子を、写真を交えながら話してくれたんです。そして、こんなふうに、自由にあそべる時間を作ってみないかと。最初はまねすることから始めました。それまでは保育者が考えた設定保育が中心で、子どもが自由にあそべる時間は登園後のほんの短い時間だけでしたが、週3

田中麻菜美（北海道札幌市・北郷あゆみ幼稚園主任）
卒業後１年間幼稚園に勤務し、保育園に転職。
５年間担任を務めた後、同じ系列の幼稚園に
２年前に異動し、現在に至る

回、あそびの時間を作って、子ども達と何をしたいか相談することにしたんです。子ども達からキャンプあそびがしたいという意見が出たので、やってみることに。そうしたら、子ども達が見違えるように生き生きしてきて。あっ、こういうのが楽しいことなんだな、と実感できました。

田澤　子どもと相談しながら保育をするというのは、どうでしたか？

田中　やりたいことは一人ひとり違うし、意見を言えない子もいます。だから、どのへんの意見を拾い上げればいいのか判断が難しかったです。

田澤　その難しさはずっと続くことだと思います。これでいいのかと不安がありながらも、キャンプあそびを始めたんですよね。どんなことが面白いと思いましたか？

田中　子ども達は、まずテントを作り始めました。保育者だったらブルーシートを張って本物らしくしようとしますが、子ども達は段ボールの壁に入口や窓も開けちゃいます。侵入し放題、実用性ゼロのテントですが、子ども達は大喜び。今度は食べ物の絵を描いてバーベキューごっこが始まりました。見栄えにこだわらなくても、創造の世界の楽しさを満喫できるんですね。そのあとは、温泉ができたり、星を作ったり、釣り堀やさんもできました。キャンプという共通のテーマはあるけれど、それぞれが好きなことをしている、ゆるやかな一体感がいいな、と思いました。

田澤　保育者があれこれ言わなくても、子どもはどんどんアイデアを広げていくんですよね。今、その様子を話してくださる田中先生も、とっても楽しそうです。他の先生方の反応はどうでしたか？

田中　キャンプあそびを一緒にやった5歳児クラスの先生同士は盛り上がって、職員室で他の先生達にも、こんなに面白いことがあったと話したりしたんですが、思ったほどの反応はありませんでした。

田澤　直接見たりしないと、話を聞くだけでイメージを広げるのは難しいですね。

田中　子どもが楽しいと思うことを大切にする保育をするなら、保育者同士で、こんなあそびが楽しかった、と話し合ったり、共有したりする場が必要だと感じました。幼児棟の保育者は9人なので、必要な時にパッと集まるようにしています。

担任と主任を兼任するメリットは……

田澤　田中先生は担任として、子ども達と毎日あそびをクリエイトしている一方で、主任としての役割もあり……。担任と主任を兼任しているメリットはどんなこ

とでしょう？

田中　保育時間中、子どもや他の先生達の近くにいるので、その時々の子ども達の様子や、先生方が困っていることなどをキャッチしやすいことでしょうか。

田澤　担任の大変さは担任同士だとわかりやすいことがありますね。その共感性は、大きなメリットだと思います。話し合いの時にも、上から目線で指示を出すのではなく、あそびの楽しさなどを一緒に面白がって感じ合えるのではないでしょうか。

田中　そうですね。言葉でよりも、行動を見て感じてほしいです。

田澤　保育中に、保育者は他の保育者のことをよく見ていたりしますよね。なるほど、こういう時はこうすればいいんだ、と田中先生の姿を見て、若い先生達が体験的に学べることが、担任と主任を兼任しているよさだと思います。田中先生は大変ですけれど。

子どもが夢中であそぶ姿が保育の原動力

田澤　さて、2年間試行錯誤を続けながら「今、子どもが楽しいことに夢中で取り組める保育」を実践してきました。それってご本人が思っている以上にすごいことですが、原動力はどこにあるのでしょう？

田中　子ども達が自分のやりたいことを表現できるようになったから、でしょうか。子どもが好きなことを楽しんでいる顔を見ると、保育者も楽しくなってきます。その一つひとつの楽しさが、園全体にじわじわと広がっているんだと思います。子どもが夢中になっている姿に刺激されて私もあそびに加わり、気が付いたら子どもと同じようにあそびに没頭している。そんな時は、保育者としてとても楽しいし、子ども達もうれしそうです。

田澤　保育者が純粋にあそびを楽しんでいるからですね。これからの課題はどんなことでしょう？

田中　あそびのテンションが下がっている時どうするか？ですね。

田澤　すごくよくわかります。子どもがあそびを見つけられない時もあれば、あそびに夢中になり過ぎて、疲れたからちょっと休みたい時もある。保育者と子どもとの温度差、ということもあるでしょう。そこを悩んで、どうしようかと考えることが保育の質の向上につながっていくのかなと思います。

田中　あそびに没頭できないで、あちこちふらふらしている子どもっていますよね。そういう子のきらきらした笑顔が見たいんです。

田澤　最近思うんですが、子どもだって、ずっとあそびたいわけではないんだろうと。ちょっと休憩したいとか、1人にさせて、という時も、あるでしょう。うろうろするのは自分のしたいことが見つからないからですが、その中でもいろいろ吸収しています。それが、その子がやりたいことへとつながっていくのでしょう。

もちろんケアが必要な子もいます。そうなると、一人ひとりをよく見るという、保育の基本に立ち戻ることが大切ですね。

田中先生の
パワーのもとは……

キャンプあそびの川には
さかながいっぱい！

子どもが夢中であそぶ姿
子どもが好きなことに没頭している姿は見ているだけで楽しくなって、気が付くと私も夢中になってあそんでいます。

対談を終えて

子どもの生き生きとした瞬間に気付くことはとても大切です。その気付きに周りの保育者も共感することで保育の質は向上していく……。田中先生が楽しそうに保育を語る姿からそう実感しました。

田澤

Kensuke Tanaka

ミドルリーダーに必要なプロデュース力

田中健介（綾南幼稚園副園長）

子どもの「やりたい」を一緒に楽しむ

田澤　今日は神奈川県綾瀬市、綾南幼稚園の田中健介先生にお話を伺います。まず園とご自身のプロフィールを教えてください。

田中　綾瀬市は緑豊かな地域です。恵まれた環境の中で、当園はあそびを大切にした保育を目指しています。園児数は約200名。各学年3クラスずつの構成です。私はもともと小学校の教員を目指していましたが、途中から幼児教育に面白さを感じて進路変更。卒業後、都内の幼稚園2園で経験を積み、昨年4月に実家であるこの園に戻ってきました。

田澤　小学校教諭から幼児教育への進路変更には、どんなきっかけがあったのですか？

田中　小学校の学習指導要領が「～させる」という語尾なのが気になりました。子どもから生まれてくるものを一緒に楽しみたいという思いが強かったので。

田澤　なるほど。子どもから生まれてくるものを大切にしたいという思いが、田中先生の幼児教育の根っこにあるわけですね。6年間他の園で担任をしたあと、実家の園に戻り、今はどんな立場なのですか？

田中　年長の担任と、副園長を兼任しています。

田澤　年長の担任になって、まず、どんなことを感じましたか？

田中　私は危険でない限り、子どもの「やってみたい」という気持ちにできるだけ応えたいのですが、園独自の決まりが多く窮屈さを感じました。例えば折り紙を使っていい枚数に制限があるとか。

田澤　なるほど。約束事が多いんですね。もちろん、この園のよさも見えましたよね？

田中　約束事が多い中でも先生達が子どものあそびをおおらかに見ているところです。

田澤　そんな状況の中で、田中先生はどんなことから保育を始めたのでしょう？

田中　クラスの女の子がケーキを作りたいと言ったので一緒に作り始めました。すると僕も、私も、とじわじわあ

田中健介（神奈川県綾瀬市・綾南幼稚園副園長）
小学校の教員志望から幼児教育に進路を変更。卒業後６年間都内の幼稚園に勤務し、昨年４月に実家である幼稚園に戻る。

そびに関わる人数が増えて、クラス全体のケーキやさんのあそびに。最後には学年全体に広がるあそびに発展しました。

田澤　他クラスの先生の反応はどうでしたか？

田中　「すごく面白そうなことをしているね」と好意的に捉えてくれました。

田澤　子ども達をおおらかに見ようという土壌があったからですね。では、どうして、今までは踏み出せなかったのでしょう？

田中　この園には園長が作成した期案があります。時期にふさわしい保育の参考に作ったもので、強制力はありません。でも、いつの間にか、やらなければいけないことになって、そこから外れることはしないようになってしまったんだと思います。

田澤　なるほど、いつの間にか「子どもにさせる」が定着してしまったのですね。

田中　毎月、制作帳の活動があって、「今月ははさみの使い方を教える」とか、ねらいも決められています。でも、子ども達は今、その活動をしたいのか？　やりたくない子もいるのに全員でやる必要があるのか疑問です。

田澤　全員に教えるって、難しいことだと思うんです。やりたくない子は保育者の話を聞いていないし、そういう子が危ないことをしてしまう。だったら個別に指導したほうが有効ですよね。でも、一斉をやめる？　やめるなら、かわりにどうする？　と聞かれると……。

田中　何も予定がないと、保育者には怖いのかもしれません。でも、ゆとりのある時間ができれば、それでいいのだと思います。保育者側から活動やあそびを提供しなくても、子ども達は何気ないあそびの中で、友だちと関わるとか、自分の気持ちを言葉で伝えるとか、いろいろな力を複合的に身につけているのではないでしょうか？　それを言葉にして、保護者や同僚に伝えるのが保育者の役割だと思っています。

育ちを伝える、育ちを共有する

田澤　なるほど。では、保育の中で大事にしたいことを、田中先生は他の保育者にどう伝えていっているのですか？

田中　一つは、自分の実践を、あそびの広げ方の一つのモデルとして見てもらいます。もう一つは、学期の振り返りの話し合いの時などに、あそびの中で子どもが育っていると感じたことを言葉でも伝えます。

田澤　いいことをやっていても、伝える技術がなければ園全体に広がっていかない。ミドルリーダーは、言葉で発信することも大きな役割ですね。田中先生はどうやって伝えられるようになったのでしょう？

田中　もちろん他園での担任経験を通してだんだん身についていったことが大きいです。それと、他の園の実践事例を見聞きしたり、保育の本を読むことでしょうか？

田澤　他園の見学に行くと、それぞれの園の文化に触れられますね。他園の保育者とのつながりが増えていけば、行き詰まった時に相談することもできます。保育の本もたくさん読んでいるのですか？

田中　たくさんではありませんが、本を読んでいると、自分が感覚的にいいなと思っていたことは、言葉にするとこういうことだったのかと発見することができます。

田澤　自分の保育を、客観的に理解することができる。自分の保育をわかりやすく言葉で伝えるヒントが得られると。田中先生には副園長という役割もありますが、どうありたいと考えていますか？

田中　プレイングマネージャーなので、担任の先生達の悩みやこうしたいという思いを園長や主任に伝え、全体で共有できるようにしたいと思っています。そうすることで担任の先生のやる気につながってほしいですね。保育のことや人間関係で悩むこともあると思うので、話してもらえるような存在でいたいと思っています。

田澤　共有というキーワードが出てきましたが、共有するために工夫していることは？

田中　学年の担任間では、今、悩んでいることや子どものこと、保育活動のこと、小さなことでも話し合って、それぞれの保育者の思いを聞くようにしています。改善が必要なことにはすぐに手をつけたり。

田澤　オフィシャルに会議の場を設けるのではなく、フランクに話せるようにということですね。

田中　そうなんです。大きな行事の時など、前ぶれもなく会議を開いても、なかなか発言できるものではありません。そんな時は、事前に「今度こういう会議をするから」と予告するようにしています。

田澤　コミュニケーションを円滑にするための根回しが、幼稚園や保育園には足りないと思うんです。フランクな少人数の話し合いから園全体の話し合いへ、プロセスをプロデュースすることも、ミドルリーダーの役割ですね。そうすることで、何を言っても大丈夫という、風通しのよい園の雰囲気ができていくのではないでしょうか。

田中　そうですね。保育の話に限らず、昨日見たテレビの話を雑談ふうにしたっていいでしょう。とにかく否定から入らず、相手の気持ちを受け止めて、肯定していくことを大事にしたいです。やっぱり、「そうだよね」と共感してくれる人と話をしたいでしょうし、安心感にもつながりますから。

保育と保育をつなぎ合わせる

田澤　なるほど。日々の積み重ねを少しずつ園全体に広げていくということですね。さて、最後にこれからの抱負を聞かせてください。

田中　今は年長の担任なので、年長の学年にしか目が届きません。次年度からは担任を外れるので、子ども達のあそびを俯瞰《ふかん》的に見て、異年齢同士のあそびを結びつけられたらいいなと。

田澤　今度はあそびのプロデュースですね。

田中　電車の駅名をすらすら言える年中の子がいて、年少には電車ごっこに夢中の子がいる。つながったら面白くなりそうです。そんな橋渡しをすることで、保育を今以上に生き生きとさせていきたいです。

田澤　保育と保育をつなぎ合わせて、さらに新しいものを生み出していく。それもまた、ミドルリーダーの大切な役割ですね。

田中先生の
パワーのもとは……

子どもの「やりたい」を一緒に楽しむ

1人の女の子の「ケーキを作りたい」から始まったあそびは、学年全体のケーキやさんごっこへと発展しました。どんなあそびの中にも、大切な学びがあるはずです。

対談を終えて

田中先生が、試行錯誤しながらも前に進もうとしている姿が印象的でした。試行錯誤は保育者自身の成長につながるのはもちろん、その試行錯誤を園全体で共有することで、園の保育の質が向上していくのでしょう。

田澤

保育におけるマネジメント

近年、保育の世界でも「マネジメント」や「人材育成」などに注目が集まっています。保育士等のキャリアアップ研修の一分野に「マネジメント」があることも影響していると思いますが、たくさんの園が「質の高い保育をするために組織力が大切だ」と考え、様々なマネジメントの実践、取り組みをしてきたことがとても大きいでしょう。

そのマネジメントのカギとなる一つがミドルリーダーの存在です。マネジメントにおける園長・所長の役割は大きいのですが、ミドルリーダーが機能しなければ保育の質の向上にはつながらないのです。

ミドルリーダーの役割は多様です。ここでは2章の対談の中からマネジメントにおけるミドルリーダーの役割を考えていきます。

例えば、RISSHO KID'Sきらりの三上先生（62ページ～）や首里当蔵保育園の具志堅先生（70ページ～）は園長先生を尊敬し、その園長先生の熱い思いと理念をどう実践につなげようかと考えています。つまり、園長先生が保育に対する熱い思いや理念を持っていることがマネジメントのスタートであり、それを現場に通訳するのがミドルリーダーの役割の一つであることがわかります。

また、北郷あゆみ幼稚園の田中麻菜美先生（78ページ～）と綾南幼稚園の田中健介先生（82ページ～）の対談からは、現場の先生方と対話的にマネジメントすることもミドルリーダーの大切な役割であることに気付かされます。月かげ幼稚園の齋藤先生（66ページ～）も同じように対話を大切にし、その中で「相手の気持ちになって考えること」に気を付けていると語っています。齋藤先生はさらには「厳しさも必要」としつつ「『北風と太陽』の太陽が好きなんです」とも話しています。

対話のあり方は三者三様ですが、傾聴、共感、アドバイスや厳しさなど、様々なコミュニケーション方法を検討しながらマネジメントしていることがわかります。その基本

Column 2

となるのが「太陽」になることなのでしょう。

さらに、宮前幼稚園の亀ヶ谷先生（58ページ〜）、ハッピードリーム鶴間の鈴木先生（74ページ〜）のように様々な工夫をするミドルリーダーもいます。ミドルリーダーは様々なアイデアを試行錯誤しながらなんらかの形にしていくことも役割の一つなのです。

先生方のポートフォリオを作る亀ヶ谷先生。写真や動画で子どものエピソードを共有する鈴木先生。どちらの先生も様々な試行錯誤を乗り越えて、このような工夫にたどり着いています。これはミドルリーダーに限りませんが、人は一直線に育つのではなく、紆余曲折、試行錯誤や失敗をしながら、その中で多くのことを学び、その学びが様々な工夫につながっていくのです。

最後に、対談では語られなかったミドルリーダーの役割について、二つお話しします。

一つは、以前ハッピードリーム鶴間の鈴木先生が現場の先生と写真を見ながら対話している場に同席した際に気付いたことです。その時、鈴木先生は現場の先生の話を楽しそうに聞きながらも、少しだけ、保育者の役割の大切さについてアドバイスしたのです。

この時気が付いたのが、ミドルリーダーの役割の一つは『少しだけ』大切なことを伝える」ということです。大切なことであっても語り過ぎてしまうと、聞いている側は「私の話を聞いてくれなかった」と感じたり、伝えたかったことの半分も心に残らなかったりするものです。だからこそ、対話の中で話を聞くことを大切にしながら「少しだけ」大切なことを伝える。そしてそれを積み重ねていくほうが、人材育成になるのではないかと鈴木先生の姿を見て感じたのです。

もう一つは、ミドルリーダーには多様な役割があるということです。対談ではポイントを絞って話してもらいましたが、ミドルリーダーの先生達はそれぞれ本当に様々な役割をこなしています。この多様性こそがミドルリーダーの真の役割なのかもしれません。

ここに示した役割はミドルリーダーだけでなく、いろいろな立場の人にも置き換えることができます。ぜひ改めて対談を読んで、自分の役割は何かを考えるきっかけにしてください。

Satoki Tazawa

田澤里喜

玉川大学教育学部教育学科教授。東一の江こども園園長。保育実践現場における保育方法や実践、特に遊びについての研究。また、幼稚園、保育園などの園長の仕事のあり方などについての研究も併せて進める。おもな著書に『保育の質を向上させる園づくり』『幼児教育から小学校教育への接続』（共編著・いずれも世界文化社）など。

表紙・本文デザイン　嶋岡誠一郎
本文イラスト　朝倉めぐみ
編集企画　飯塚友紀子　飯田 俊
校　正　株式会社円水社

保育がもっと楽しくなる
子ども主体の保育と保育者の役割

発行日　2023年6月5日　初版第1刷発行
　　　　2024年8月10日　　　第2刷発行

著　者　田澤里喜
発行者　駒田浩一
発　行　株式会社世界文化ワンダーグループ
発行・発売　株式会社世界文化社
〒102-8192　東京都千代田区九段北4-2-29
電　話　03-3262-5474（内容についてのお問い合わせ：編集部）
03-3262-5115（在庫についてのお問い合わせ：販売部）
DTP作成　株式会社明昌堂
印刷・製本　中央精版印刷株式会社

ISBN978-4-418-23708-1